축사

과학자 따라하기

축사

과학자
따라하기

발 행 | 2023년 11월 27일

저 자 | 아브라함 정

펴낸이 | 김요한

펴낸곳 | 아이오디북스

출판사등록 | 2023.04.18 (제2023-000020호)

이메일 | john_kk@naver.com

ISBN | 979-11-983030-2-8

축사

과학자 따라하기

아브라함정 박사 지음

차례

차례

23장 물어보세요!

프롤로그

그 날!
과학자가
축사를 만나던 날!

축사를 만나다

우리가 지금처럼 사역이 바쁘지 않던 예전의 그 어느 날,
여느 때와 마찬가지로
아내 에미꼬와 나는 온라인 영상 (그 당시에는 줌이 아니고 Skype
로 했음)으로 어떤 미국 자매에게 일대일로 치유 기도를 해주고 있
었다.

그런데 갑자기 그 자매가 눈이 흰자위만 남기며 휙 돌아갔다. 조신
하게 기도를 받던 그녀가 기도를 거부하며 우리에게 욕을 하면서
영상 너머로 달려들 듯하였다. 처음 있는 일이라 우리는 당황하였
다. 그녀 안에 숨어 있던 귀신이 발현된 것이다.

'우리는 치유만 하고 조용히 갈 테니 넌 가만히 있어!'라고 말하고
싶은 마음이 확 들었지만, 그 애가 그런 이야기를 들어줄 조신한 귀
신이 아니었다. 귀신 중에서도 교양이라고는 발꿈치의 때만큼도 없
는 막가파 같았다.

"왜 내 것을 건드리는 것이야!"

그 자매가 자기 것이란다.

그 자매는 크리스천이라 누구의 소개로 우리와 연결되어 기도를 받던 자매인데 귀신이 자기 소유라고 주장하고 있는 것이 아닌가?

'어휴! 큰일 났네'라는 생각이 들었지만, 우리도 명색이 치유 사역을 하고 있는 하나님 집안의 명문가 자제가 아닌가? 그런 명문가의 일원이 '어 인터넷 접속이 왜 이래! 여보세요? 여보세요?"라며 영상을 우아하게 마무리할 수는 없지 않은가? 우리는 어떻게 할 줄 몰라 어정쩡하게 있었다.

잠시 당황하다 내가 정신을 차리고 생각나는 유명한 형식의 기도를 했다.

"예수님의 이름으로 명하노니 이 자매에게서 떠나!"라고 소리쳤다.

이 유명한 명령을 들었는지 아닌지 그 귀신은 전혀 개의치 않고 그 자매는 자기 것이라고 난리를 치고 있었다. 가만히 생각해 보니 내가 영어로 안 하고 한국어로 하고 있었다. 그래서

"Get out of here in Jesus Name!"

그랬더니 조금 조용해지는 기색이 보였다. 얘는 한국어를 못 배웠나? 쯧쯧쯧! 무식한 놈! 한류를 모르다니 요즘 세상이 어떤데… 하지만 내가 무식하다고 업신여겨도 나가지 않고 여전히 계속 버티고 있었다. 그러다 에미꼬가 축사 기도를 싫어하게 되는 결정적인 사건이 벌어졌다.

그 자매가 그만 윽 소리를 지르더니 (잠시 당신의 상상하는 뇌의

기능을 정지시킵니다) 미처 휴지를 댈 틈도 없이 입에서 많은 양의 음식물을 분출해 내고 말았다. 눈은 하얗게, 입에서는 음식물로, 소리는 교양 없이, 어느 것 하나도 우리 아브라함 블레싱 미니스트리 (Abraham Blessing Ministries, ABM)에서 추구하는 '쉽고 빠르고 재미있게'라는 구호와 비슷한 게 하나도 없었다. '나 우아한 치유 사역자예요'라고 자부하던 에미꼬의 기대가 한순간에 무너지는 순간이었다.

장면은 바뀌어 미국 캘리포니아 레딩의 벧엘 교회에서 치유 사역자인 랜디 클락 목사를 초청하여 치유 사역 세미나를 하는 집회가 있었다. 에미꼬와 나는 그 집회에 참여하고 있었다. 성령님이 너무 강력하게 역사하여 에미꼬는 걷지 못하고 집회 장소인 체육관 바닥에 누워 있었다. 점심 휴식 시간인데 에미꼬가 움직이지 못해 내가 인앤아웃이라는 햄버거 가게에서 햄버거를 사서 다시 집회 장소로 가져오게 되었다.

양손에 햄버거를 담은 봉투를 들고 집회 장소 문으로 들어오는 입구에서 나를 보고 있는 한 남자가 있었다. 나는 전혀 의식하지 않고 있는데 그 사람은 우연인지 나를 보게 되었다. 나를 보는 순간 자기 안에 있던 어떤 악한 영이 떠나가는 것을 느꼈다. 그 영이 떠나자, 몇 년 동안 아파서 사용하지 못하던 왼손에 통증이 사라지고 손을 자유 자재로 움직일 수 있었다. 그 사람은 수년간 지속된 통증이 사라진 것이 너무 신기하여 그 치유 세미나 전체 간증 시간에도 나와 간증을 하였다. 미팅이 끝나고 나중에 그 사람이 나를 찾아와 나를 보는 순간에 어떤 영이 떠나고 자신에게 무슨 일이 있었는지 간증해 주었다.

축사, 과학자 따라하기

와우!

내가 이런 사람이라니!

어찌 내가 이리 되었을까?

사실 영상으로 치유 기도해 주다가 귀신이 발현되었던 충격적인 그 사건 이후 귀신에게 놀림을 당할 수 있구나 하는 것을 안 다음부터는 하나님께 기도를 많이 하였다.

'주님, 당신의 자녀인 내가 귀신들의 조롱을 받으면 되겠습니까?

제가 귀신한테 코피 터지는 것을 보고만 있으십니까?

제가 귀신보다 능력이 없다는 것이 우주 만물 앞에 드러나는 것이 하나님에게 무슨 도움이 되겠습니까?

주님 저에게 귀신들을 제압할 수 있는 미카엘 급의 천사들을 보내 주십시오!'

드디어 나에게 귀신을 내쫓을 수 있는 축사 천사가 배정되었나 보다. 그러니 나는 전혀 보지도 않고 지나가기만 하는데도 귀신들이 나에게 있는 천사를 보고 기겁을 하고 줄행랑을 쳤으니 말이다. 그러니 축사는 내가 하는 것이 아니고 내 안에 계신 하나님이 하시는 것임에 틀림없다. 그 이후 나는 신이 나서 귀신을 내쫓는 기도를 많이 해 주었다.

아직도 한 방에 안 나가는 귀신들을 만나는 일들이 종종 있다. 그리고 대드는 귀신들도 가끔 있다. 에미꼬가 싫어하는 구토와 괴성은 거의 매일 있다. 그래서 축사가 필요한 상황이 될 때 내가 옆에 있으면 에미꼬는 그 어려운 축사 기도는 나에게 미룬다. 그리고 에미꼬는 우아하게 병 고치는 기도를 한다. 그런 가운데 내가 축사 기도를 더욱 해야겠다는 결심을 하게 되는 계기가 있었다.

한국에 한 자매가 있었다. 남편과의 문제로 삶의 의미를 잃어버린 채 하루하루를 채워 나가며 살아가고 있었다. 결혼 생활이 '불행 끝, 행복 시작!'이라는 환상으로 시작하였는데 '불행 끝, 더 큰 불행 시작!'으로 점철되어 가니 미칠 노릇이었다. 이혼을 하고 싶어도 크리스천이라는 이유로 이혼하지 못하고 있었다. 나름 문제를 해결하려고 상담도 받아 보고 원인도 찾아보려고 했으나 별 차이가 나타나지 않았다. 그러다 우연히 우리 ABM에 오게 되었고 내가 하는 축사 기도를 많은 사람들과 함께 또 우연히 받게 되었다. ABM에 오기 전에는 축사는 귀신 들린 사람이나 받는 것이지 자기 같은 멀쩡한 크리스천은 받는 것이 아니라고 생각하였다. 자신은 귀신하고는 전혀 상관없는데 아브라함 정 박사가 축사한다고 하니 예의상 눈감고 축사 기도 받는 척하고 있었다. 그래서 눈을 감고 축사 기도가 빨리 지나가고 다른 순서가 시작되기를 기다리고 있었다.

아브라함 정 박사가 축사 기도를 하는데 갑자기 자기 속이 메스껍고 울렁거리기 시작하였다. 뭐지? 점점 심해지더니 구토가 나오기 시작하였다. 그러더니 자기 안에서 음성이 들리는데 "너는 내 것이야!"라는 소리가 들렸다. 잠시 후에는 "아이, x발, 나가야 하잖아"라는 욕설도 들렸다. 그러더니 잠시 후 뭔가 나가는 느낌이 들었다. 이상하다. 이것은 뭐지? 남들은 귀신이 나갔네, 기분이 상쾌 해졌네, 어쩌네 하고 간증하는데 그 자매는 뭐가 뭔 지 몰라 아무 말도 못 하고 멍하니 있다가 그 기도 시간을 마치게 되었다.

그리고 집에 돌아오게 되었는데 이상한 일이 벌어졌다. 그렇게 원수 같던 남편이 사랑스럽게 보이기 시작하는 게 아닌가? 정말로 거짓말처럼 그 후 신혼부부 같은 생활을 하게 되었다. 오랫동안 지옥 같은 결혼 생활이 아브라함 정의 축사 기도 한 방으로 신혼부부로

축사, 과학자 따라하기

거듭난 것이다.

　이와 같은 간증이 너무 많다. 나는 과학자이며 교수였기 때문에 연구와 학생 교육을 오랫동안 해 왔다. 그런데 학생을 그렇게 열심히 교육해도 변화하는 것은 눈에 표시가 나지 않을 정도이다. 오히려 매년 청소년들의 키 크는 차이를 보는 것이 더 쉬울 정도였다. 그런데 축사 기도의 결과는 너무 확연하게 차이가 있는 것이다. 축사가 제대로 되면 그 결과는 마치 점프하는 것처럼 인생에 차이가 있다. 그러니 내가 어떻게 축사를 안 할 수 있을 것인가? 수년간의 눈물겨운 처절한 노력보다 5분의 축사 기도가 더 큰 차이를 만드니 어떻게 축사를 안 할 수 있단 말인가?

　최근 우리 ABM에 오신 한 자매의 스토리가 나를 가슴 아프게 한다. 딸이 결혼했는데 사위가 돈을 벌어 오지 못하여 경제 문제로 딸의 결혼 생활에 위기가 왔단다. 최근 한국에서 이혼 사유의 1~2위를 경제 문제와 외도가 엎치락뒤치락하고 있는 만큼 경제는 결혼 생활에 중요한 요인이다. 경제 문제로 그 딸은 우울증에 시달리고 있었다. 그 자매는 돈 문제만 해결해 주면 될 줄 알고 자신이 가지고 있던 땅을 딸에게 증여했다. 그 땅으로 우선 급한 경제 문제를 해결하면 일단 딸의 우울증만큼은 해결될 것이라 생각했다. 그러나 그 딸은 우울증을 극복하지 못하고 자살하고 말았다. 딸이 떠나간 것도 너무 힘든데 또 힘들게 한 것은 자신이 준 피 같은 땅이 자기 딸을 자살에 이르게 한 원수 같은 사위가 차지하고 있어서 이미 딸에게 양도된 재산에 대하여 자신은 소유권을 되돌릴 수 없게 되었다는 것이다.

　이 이야기를 들으면서 안타까운 것은 딸의 자살이다. 우리 뇌의

이 이야기를 들으면서 안타까운 것은 딸의 자살이다. 우리 뇌의 가장 중요한 기능은 우리 몸의 안전 유지와 생존을 지키는 것이다. 그것이 모든 것에 우선한다. 그래서 우리는 종종 몸을 보호하기 위해 자존심 따위는 상관하지 않고 물불을 가리지 않으며 아무리 치졸한 짓이라도 용감하게 감행하는 사람들을 보게 된다. 그것이 인간이다. 그런데 이 기능을 소실시키는 것이 있다. 그것은 귀신들의 속삭임이다. 환경이 나빠진 상태라면 귀신들의 속삭임이 더 잘 먹힌다. 우울로 이어지다 심해지면 자살로 가게 만드는 것이 귀신들의 정해진 공식이다. 그 자매의 딸이 조금만 빨리 ABM을 만났더라면 이런 불행한 일은 벌어지지 않았을 것이라 확신한다.

나는 과학자이다.
과학자는 말만 하는 것을 싫어한다.
실제로 보이는 것을 좋아한다.
천만 다행히 하나님의 나라는 말에 있지 않고 오직 능력에 있다고 바울 사도가 선포하였다 (고전4:20). 나하고 통하는 데가 있다.
나는 한술 더 떠 그 능력이 현실화되는 것을 좋아한다.
내 손안으로 눈에 보이는 것이 들어오는 것을 좋아한다.
아무리 도마가 '믿음이 없는 자여!'라고 책망을 받아도
내 눈으로 확인하여 믿는 것을 선호한다.

이제껏 축사는 은사자만 하는 것으로 되어 있었다.
따라서 대부분의 크리스천에게 축사는 먼 나라 이야기였다.
최근 축사가 많이 열려 많은 보통의 크리스천도 하게 되었지만
여전히 축사는 어려운 분야이다.
우리 ABM의 모토가 '쉽고 빠르고 재밌게'이다.
축사는 꼭 어려워야만 하나?

축사, 과학자 따라하기

쉬운 축사!
누구나 할 수 있는 축사!
그런 것은 없을까?
그래서 만들게 되었다.
크리스천이라면 다 할 수 있는 쉬운 축사를!
어떻게?

이 책은 개인의 자가 축사 기도에 초점이 맞추어져 있다.
주로 말씀에 의지하여
귀신들을 내쫓는 방법을 개인들에 적용해 보니
생각보다 좋은 간증들이 많아 용기를 가지고
이 책을 세상에 내놓게 되었다.

이 책은 네 부분으로 구성되어 있는데
첫 째는 귀신들이 하는 이야기들
둘 째는 귀신들은 누구인가?
셋 째는 축사를 위한 혼과 영 만들기
넷 째는 축사 방법들이다.

부디 이 책이
본인 안에 역사하는 귀신들을 몰아내어
귀신들이 작동하지 못하는
새로운 세상으로 인도하는 도구가 되기를…

미국의 워싱턴 주에서
아브라함 정 박사

Part 1 ───────────────────

────────────────── 귀신들이 하는 이야기들

1.

너, 악한 영들 언제 들어갔어?

(눅8:30) 예수께서 네 이름이 무엇이냐 물으신즉 이르되 군대라 하니 이는 많은 귀신이 들렸음이라

(막9:21) 예수께서 그 아버지에게 물으시되 언제부터 이렇게 되었느냐 하시니 이르되 어릴 때부터 니이다

이 말씀은 실제일까?

예수님의 질문에 귀신들이 답하듯이 현대에도 귀신들은 우리가 물으면 대답을 할까? 다음은 내가 사람들에게 축사 기도를 하면서 질문을 하면 사람들 속에 있는 악한 영들이 답한 내용들이다.

"야, 너 언제 들어갔어?"

"아, 짜증나, 그건 왜 물어봐!"

"잔말 말고, 이야기해. 언제 들어갔어?"
"언제 들어오긴, 어릴 때 들어왔지."

내가 축사를 할 때 악한 영들이 언제 들어갔는지 물으면 대체적으로 대답하는 것이 이것이다. 시기를 정확히 확정하기 못 하고 그냥 어릴 때 들어 갔다고 한다. 마가복음 9장의 귀신 들린 아들도 아버지가 답하기를 어릴 때 들어 갔다고 기록되어 있다.

어릴 때는 우리가 연약한 때를 의미한다. 물론 물리적으로 나이가 어릴 때를 이야기할 수도 있지만 우리의 일생 중에 정신적으로 연약하던 어느 시기임에는 틀림없다. 우리의 그 많은 시간 중 우리가 정신적으로 연약할 때 호시탐탐 노리던 귀신들이 허락 없이 몰래 들어온다.

내가 영찬양을 할 때
어떤 자매가 다음과 같은 소리를 들었다.

"싫어! 싫어! 싫어! 싫어! 싫어! 싫어!
아~~~악, 아~~~악, 아~~~악"

내가
"너 언제 들어갔어?"라고 물으니
"얘 뱃속에 있을 때,
얘 엄마가 돈 걱정할 때 들어 갔어!"라고 대답했다.
내가 두 번째 영찬양을 할 때
"싫어! 싫어! 싫어! 싫어! 싫어! 싫어! 싫어!
아~~~악 아~~~악, 아~~~악, 아~~~악"

축사, 과학자 따라하기

"또 저 소리 내고 지랄이야!
안 나가! 안 나가! 너한테서 배부르고 좋았단 말이야!"

우리의 상식으로는 이해하기 어려운데 우리가 엄마 배속에 있을 때 들어갔다는 이야기를 하는 귀신들이 가끔 있다. 일단은 엄마에게 들어갔다. 엄마가 돈 걱정할 때 그 틈새를 이용하여 엄마에게 들어갔을 것이다. 들어가 보니 더 연약한 생명이 있으니 배 속의 아이에게 들어갔을 것이다.

많은 사람들이 말도 안 되는 소리라고 할 것이다. 더욱이 걱정되는 것은 나도 우리 아이 임신했을 때 살림이 어려워 돈 걱정 많이 했는데 우리 아이에게도 귀신이 들어갔으면 어떡하냐는 것이다. 들어갔을 수도 있고 아닐 수도 있다. 들어갔다 할지라도 너무 걱정할 필요는 없다. 이 책이 있으니까. 저희 ABM이 있으니까 축사를 받으면 그만이다.

정말 부모의 잘못으로 귀신이 들어갈까?
성경에는 부모의 잘못으로 자식에게 귀신이 들어간다고 직접적으로 언급된 경우는 없다. 그러나 부모의 선택이 자녀의 생명과 복으로 이어진다는 경고는 있다.

(신30:19) 내가 오늘날 천지를 불러서 너희에게 증거를 삼노라 내가 생명과 사망과 복과 저주를 네 앞에 두었은 즉 너와 네 자손이 살기 위하여 생명을 택하고
결국 귀신이 들어가는 것이 부모가 문을 열어 줌으로 들어간 것이라면 부모의 잘못으로 태중의 아이에 귀신이 들어갔다고 할 수 있다.

그러면 귀신들은 도대체 언제 들어가는 것일까?

다음은 내가 축사할 때 귀신들에 말을 시키면 귀신들이 축사 받은 사람들의 입을 통하여 말하는 내용들이다. 간혹 귀신에 입을 다 잡혀서 목소리가 완전히 다른 사람의 목소리로 말을 하는 경우도 있다. 예를 들면 성인 여성이 7세 아이의 목소리로 말하는 경우도 보았다. 대부분의 경우에는, 자기 목소리로 말하지만 왜 그런 이야기를 하는지 모르면서 그냥 자기 입으로 말을 뱉는 경우가 많다. 또 다른 경우는 마음속에서 미약한 느낌으로 하는 소리를 축사 받는 사람이 인지하여 번역해서 내는 소리도 있다.

"야, 넌 누구냐?""나 거절감의 영."
"너 언제 들어갔어?"
"나, 얘 어릴 때 들어갔지?"
"어릴 때 언제?"
"얘내 엄마가 오빠만 예뻐해서 얘가 외로워 할 때 들어 갔지."

"야, 너 언제 들어갔어?"
"얘 입덧 할 때 들어갔지"
"입덧하는데 왜 들어가?"
"응, 입덧할 때 얘 남편이 먹으라고 사 온 것
장롱 속에 감춰두고 얘가 혼자 몰래 먹으면서 죄책감 들 때 들어 갔지."

"야, 너 언제 들어갔어?"
"얘 어릴 때 들어갔지."
"어릴 때 왜?"

축사, 과학자 따라하기

"얘 할머니가 얘 엄마 마구 구박해서 가정이 혼란할 때 들어갔지."

"야, 너 언제 들어갔어?"
"얘 결혼한 후에 들어갔지.""그때 왜?"
"그때 시댁 땜에 얘가 많이 힘들어했거든."

"야, 너 누구냐?""나 분리와 고아의 영"
"야, 너 언제 들어갔어?"
"얘 중학교 때 들어갔지."
"그 때 얘가 되는 일도 없고
아무도 보호해 주지 않는다고 느꼈거든."

"야, 너 누구냐?""나 수치의 영"
"야, 너 언제 들어갔어?"
"얘 유치원 때 들어갔지."
"그 때 왜?"
"얘 부끄러워한다고 선생님이 심하게 혼냈거든."

"야, 너 누구냐?""나 고아의 영"
"언제 들어갔어?"
"얘 아주 어릴 때."
"엄마 아빠가 둘 다 일하고 혼자 외로워 할 때 들어갔지"

"야, 넌 누구냐?""나 거절감의 영."
"너 언제 들어갔어?"
"나? 얘 어릴 때 들어갔지?"
"어릴 때 언제?"

"얘네 엄마와 아빠가 사랑해 주지 않는다고 생각할 때 들어갔지."

"야, 넌 누구냐?" "나 수치의 영."
"너 언제 들어갔어?"
"얘 어릴 때 들어갔지?"
"어릴 때 언제?"
"얘가 초등학교 때 숨바꼭질 놀이할 때 장롱에 숨어 있다 거기서 오줌을 쌌어.
그 때 친구들한테 창피당할 때 들어갔지."

"야, 넌 누구냐?" "나 가난의 영."
"너 언제 들어갔어?"
"나? 얘 어릴 때 들어갔지."
"어릴 때 언제?"
"얘네 아빠가 망해서 찢어지게 가난할 때 들어갔지."
"야, 넌 누구냐?" "나 분노의 영."
"너 언제 들어갔어?"
"나? 얘가 분노해서 소리 지를 때 들어갔지."

성령 하나님은 우리가 환영할 때 우리에게 오신다. 반면에 귀신들이나 악한 영들은 우는 사자가 먹잇감을 찾아 헤매듯이 우리한테 아주 작은 틈만 보이면 몰래 들어온다. 위의 이야기를 들어 보면 우리가 힘든 시절을 지날 때 대부분 흔히 겪을 수 있는 삶이다. 유난히 나쁜 상황도 아니다. 그런데 이런 삶 가운데 감정적으로 힘들어하거나 불합리하게 취급을 당했다고 생각하는 가운데 악한 영들이 들어와 지금까지도 영향을 주고 있는 것이다.

악한 영들이 들어오는 경우를 정리해 보면

외롭다고 느낄 때

대개 사람들이 어릴 때 외롭다고 느낄 때는 부모님들이 직장 때문에 너무 바빠 자녀들을 돌보지 못할 때다. 지금은 맞벌이 가정일 경우 어린이집이나 유치원에 아이들을 보내 누군가가 시간을 같이 보내 주는 경우가 대부분이다. 그러나 우리가 어릴 때는 부모가 맞벌이일 경우 대개 손윗 사람들이 돌보아주었는데 대개 그 역할을 잘 수행하지 못했다. 손윗 사람들은 자기 삶 사느냐고 바빠 동생을 잘 돌보아 주지 못했다.

부모가 많은 시련을 겪는 가운데 있으면 자녀가 곁에 있어도 자녀가 있는 지도 모를 정도로 신경을 쓰기 힘들다. 모든 정신이 자신의 삶을 해결해야 데 집중되어 있기 때문이다. 따라서 부모들은 자녀가 물리적으로 같은 공간에 있기 때문에 자녀들을 잘 돌보고 있다고 생각하지만, 자녀의 입장은 전혀 다르다. 심리적인 지원을 받지 못하는 자녀에게는 부모가 곁에 함께 있어도 상실된 경우 커다란 차이가 없다.

그래서 외로움을 느끼게 되고 자신은 사랑받지 못한다고 느낀다. 그런 빈 공간을 틈타 악한 영들이 들어오게 된다. 고아의 영이나 거절의 영이라는 이름으로 들어오게 된다.

수치심을 느낄 때

위의 두 경우에 수치심의 영이 들어 갔다고 했다. 한 경우에는 유치원에서 조금 수줍어한다고 유치원 선생님에게 엄청 혼났다. 당연히 다른 친구들이 보는 앞에서 크게 혼났을 터이다. 그때 너무 창피함을 느꼈을 터이다. 그때 어둠의 영이 들어왔는데 수치를 더 크게 만들기 위해 자극하는 일을 했을 터이다. 그래서 이름도 수치의 영이라 부른다.

혹은 어렸을 때 실제로 수치스러운 일을 당할 때 그 심리적 충격이 크면 악한 영들이 들어오기도 한다. 문제는 우리 중에 어렸을 때 수치스러운 일 안 당해 본 사람이 아무도 없다는 것이다. 그렇다면 악한 영들은 누구에게나 다 쉽게 들어올 수 있다는 이야기이다.

거절감을 느낄 때

거절감은 우리의 존재가 부인되고 있다고 느끼는 것이다. 가장 큰 문제는 어렸을 때 부모에게 거절당하는 것이 문제이다. 어렸을 때는 이 세상에 부모만이 유일한 보호막일 때이다. 그런 시기에 부모에게 거절당하면 세상이 무너지는 것처럼 느낀다. 이럴 때 악한 영들은 기회를 놓치지 않고 들어오게 된다.

거절의 영이 들어오는 생각보다 흔한 경우가 태아 때이다. 부모가 원치 않는 임신을 했을 때 유산을 시도하는 경우가 있다. 그 때 주님의 은혜로 태아가 살아 남는다 해도 시작부터 존재를 거부당했다는 거절감을 느끼고 실의에 빠지게 된다. 이럴 때 거절의 영이 들어온다. 그러면 누군가는 5살 이전 기억도 잘 안 나는데 아직 형체도 제대로 생기지 않은 그 어린 태아 때 뭐가 기억난다고 거절감을 느끼겠냐고 반문할지도 모른다. 그런데 내가 초자연적 내적치유를 학생들에게 해 보면 영 안에서 태아 때 거절당한 것을 인지하게 되었다

축사, 과학자 따라하기

는 이야기를 하는 학생들을 많이 보게 된다. 이런 것을 보면서 우리가 영적인 존재구나 하는 것을 더 실감하게 된다.

또 다른 한국 특유의 상황이 있는데 아들을 원하는 부모님에게 딸로 태어나면서 겪는 시련이다. 아내 에미꼬는 엄마 배 속에 있을 때 무당들이 엄마에게 이번에는 아들이라고 예언해 주었다고 한다. 딸만 셋이고 아들이 없어 아들을 간절히 원했던 것이다. 에미꼬가 태어날 때 아버지는 출장을 가서 없을 때이다. 집에서 태어났는데 아들을 기대하는 어머니는 딸이 태어나자 너무 실망이 되어 젖도 물리지 않고 있었다 한다. 나중에 아버지가 출장에서 돌아와서 겨우 젖을 먹을 수 있었다 한다. 그때 거절의 영이 들어왔다. 그 거절의 영이 에미꼬에게 힘을 주었는지 초등학교 전에는 철천지 원수인 동네 남자 아이들을 쥐어 패고 다녔다 한다. 그래서 동네남자 아이들 코피를 너무 자주 터트려 남자아이들 엄마들과 코피 터진 남자아이들이 에미꼬 엄마한테 항의하려 오면 숨느냐고 고생했다고 나한테 그 위대한 간증을 종종 하곤 한다.

지독히 가난할 때

사랑하는 사람을 잃는 것 빼고 우리 마음이 가장 상할 때가 가난할 때이다. 가난을 비난할 생각은 없지만 가난할 때 우리 맘에 구멍이 가장 크게 생기는 것이 사실이다. 이럴 때 우리가 하나님을 가장 많이 찾을 때이다. 그래서 예수님은 마음이 가난한 자는 복이 있다고 했다. 그런 면이 있는가 하면 반대로 귀신들이 틈을 따고 들어올 가능성도 가장 큰 때이다.

특히 가난을 자연스럽지 받아들이지 못하는 사람 중에 마음이 약한 사람에게 귀신이 들어올 가능성이 매우 크다. 절대 빈곤에 처하 다라도 먹는 것만 해결되며 그리고 모두가 가난한 마을에 살아 상 대적인 박탈감이 없다면 크게 문제가 되지 않을 것이다. 그런 경우 에는 가난하더라도 행복감을 느끼며 살 수가 있기 때문이다. 하지 만 위 귀신들의 마지막 이야기를 보면 아버지가 망해서 찢어지게 가난할 때 들어왔다고 한다. 아버지가 망하기 전에는 부유하게 살 가능성이 있었다. 그런데 아버지가 갑자기 사업에 망했다거나 아니 면 아버지가 건강을 잃어 회복하지 못하는 경우에는 상황이 달라진 다. 마음에 많은 상처가 생기고 그런 빈 공간을 이용하여 귀신이 들 어왔을 것이다. 이런 귀신들을 가난의 영이라 한다.

분노할 때

사람들이 우리를 너무 지나치게 부당 대우할 때 우리는 분노한 경 험이 다 있을 것이다. 가끔 도를 넘는 분노를 표현하고 후회한 적이 있다. 분노는 뇌에서 시작하여 입과 목, 가슴까지 우리의 온 존재를 진동시킬 수 있다. 그러한 모습을 귀신들이 놓칠 리 만무하다. 우리 가 씩씩대고 있는 동안 귀신들은 뒷문으로 몰래 들어오게 된다. 그 리고 우리가 더 씩씩대면 귀신들은 집을 짓기 시작하게 된다. 결국 우리의 분노의 크기가 귀신들의 강도를 증가시킬 것이다.

그래서 바울 사도는 분을 내어도 해가 지도록 분을 품지 말라 했 다 (엡4:26.) 그 다음 절에서 마귀에게 틈을 주지 말라는 당부를 곁 들인다. 결국 분이 지속되면 마귀들이 들어온다는 이야기이다. 분이 충천하여 모든 정신이 그 일에 빠져 있으면 속이는 것을 전문으로 하는 마귀가 틈을 타고 들어온다는 이야기이다. 자신을 위해서라도 조금 진정하고 타인의 입장에서도 생각을 하여 배려하는 행동을 하

축사, 과학자 따라하기

는 것이 제일인 것 같다. 더 좋은 것은 그날 일은 그날 사과하고 용서하면 마귀에게서 보호받는 지름길이 될 것이다.

죄의식을 가질 때

죄의식을 갖는다는 것은 자신이 한 회개에 대한 확신이 없다는 것이다. 죄는 근본적으로 마귀에게서 발원되었다.

(요일3:8) 죄를 짓는 자는 마귀에게 속하나니 마귀는 처음부터 범죄함이라 하나님의 아들이 나타나신 것은 마귀의 일을 멸하려 하심이라

이 죄의식은 우리가 마귀와 하나 되어 있다고 인정하고 하나님과 분리시키는 요인이 된다. 따라서 죄의식을 여전히 가지고 있는 사람들에게 귀신들은 그 사람이 자기 것이며 그 사람 안은 자기 집이나 마찬가지이다. 따라서 죄의식에 사로잡혀 있는 사람들에 귀신들이 들어올 확률이 매우 증가한다. 귀신에 영향을 안 받으려면 우리 크리스천은 죄를 짓는 순간순간 지체하지 말고 빨리 회개를 해야 한다. 그리고 하나님 아들이신 예수님 안으로 빨리 들어가는 것이 최상이라 생각한다. 그분 안에 있으면 정죄함이 없다고 했다 (롬 8:1). 죄의식을 빨리 해결하는 것이 귀신들이 들어 오지 않게 하는 좋은 방법이다.

우월감을 가질 때

사탄은 우리의 생각을 통하여 들어오는 경우도 많다. 특히 잘난 사람들은 많이 배워 유식하고 또 직장도 좋아 사회적으로 존경도

받고 경제적으로도 남부럽지 않게 산다. 거기에다 자녀들도 잘 자라 부러울 것이 거의 없다. 이런 사람들의 공통적인 특징이 자신이 최고라고 우월감을 가진다. 이 우월감은 사탄이 사용하기에 아주 좋은 먹잇감이다. 왜냐하면 이 우월감에 사탄이 작동할 것이라고는 아무도 생각하지 않기 때문이다. 사탄은 그 흔적을 남기지 않고 활동할 때 오랫동안 활동할 수 있고 그로 인해 가장 좋은 결과를 도출할 수 있기 때문이다.

오죽했으면 하나님이 나의 머리를 '댕강' 치셨을까? 천지를 창조하신 하나님도 아브라함 정을 보니 대책이 없다고 판단하셨을까? 하나님은 웬만하면 고쳐서 쓰시는 분인데 나를 보니 도저히 어디부터 손을 대야 할지 전혀 엄두가 안 나셨던 가보다. ABM 미라클스쿨도 가장 변하기 힘든 경우가 목사님들이다. 목사님들은 아시는 것이 너무 많아 우리가 뭘 말하면 그것에 대한 반론이 수십 가지나 된다. 그러니 미라클스쿨에 와서 무엇이 변하겠는가?

마찬가지로 아브라함 정도 박사니 아는 것이 너무 많다. 과학 논문을 출판하려면 세계에서 아무도 안 한 최초의 것이어야 한다. 박사들은 세상 누구에게도 지식에서는 꿀리는 것이 없다. 그러니 자존심은 얼마나 강하겠는가? 이 세상에서 꿀리는 존재는 하나님밖에 없다. 그나마 하나님이 하시는 말씀에 귀 기울이려 하지만 들어 있는 신학적인 지식도 너무 많아 잘 흡수가 되지 않는다. 하나님이 판단하시기에 아브라함 정의 머리에 들어 있는 같잖은 지식들을 다 퍼내고 하나님의 새로운 지식으로 채우는 것을 보려면 너무 많은 에너지가 들고 어느 세월에 될 것인가 계산이 안 나왔는가 보다. 그래서 아브라함 정의 머리는 '댕강' 당했습니다. 차라리 없는 게 더 낫 대요. 여러분의 머리는 소망이 있으니 희망을 가져 보시기 바랍니다.

이상의 귀신들이 들어오는 경우를 보면 지극히 상식적인 이유이다. 여기에 뭐 그리 대단한 이유들이 아니다. 그저 우리가 다 경험해 본 평범한 것들이다. 그렇다는 것은 우리가 우리의 마음을 잘 지키니 않으면 누구나 귀신들의 희생물이 될 수 있다는 이야기이다. 역으로 말하면 누구나 축사 기도를 받아야 하는 이유이기도 하다.

2.

들어가서
뭐 했어?

(마12:22.) 그 때에 귀신 들려 눈 멀고 말 못하는 사람을 데리고 왔거늘…

(막9: 17-18.) 무리 중의 하나가 대답하되 선생님 말 못하게 귀신 들린 내 아들을 선생님께 데려왔나이다

귀신이 어디서든지 그를 잡으면 거꾸러져 거품을 흘리며 이를 갈며 그리고 파리해지는지라

(막9: 21-22.) 예수께서 그 아버지에게 물으시되 언제부터 이렇게 되었느냐 하시니 이르되 어릴 때부터니이다.

귀신이 그를 죽이려고 불과 물에 자주 던졌나이다…

이 성경 구절들은 귀신들이 사람속에 들어가 몸에 문제를 일으키고 심지어 죽이려고 불과 물에 던졌다고 이야기하고 있다. 귀신이

축사, 과학자 따라하기

사람의 눈을 멀게 하고 말 못하게 할 수 있는가? 거품 물게 할 수 있는가? 심지어 죽일 수 있는가? 현대에도 이것이 가능할까?

다음은 내가 직접 축사를 하면서 직접 물어본 것을 기술한 내용이다. 이 내용에는 위와 같은 극단적인 내용은 없다. 왜냐하면 위 성경에 나오는 극단적인 내용은 모두가 후견인에 의하여 예수님에게 이끌려 온 케이스이다. 반면에 나에게 축사를 받으러 온 사람들은 자발적으로 온 사람들이라 비교적 사탄의 역사가 약한 케이스들이다. 따라서 위와 같은 극단적 내용이 없다고 해서 현대에는 저런 극단적인 예가 없다고 할 수는 없다. 다만 아래 내용을 보면서 현시대에 역사하는 귀신들의 움직임을 보도록 할 것이다.

"너는 이름이 뭐 야?"
"졸음의 영이지."
"뭐 했어?"
"얘를 항상 졸리게 하고 맥을 못 추게 했지."

실제로 이 자매는 아침에 일어나도 정신이 항상 몽롱하였다 한다. 심지어 학생 때에는 1교시에 시험이 있으면 그 시험은 아예 망쳐 버릴 정도였단다. 그 만큼 졸음의 영이 강력하게 작동하였으니 삶에 많은 희생이 강요되었을 것이다.

그렇다면 귀신은 정말로 사람에게 들어가 그렇게 영향력을 발휘할 수 있을까?

성경에는 귀신들이 들어가 사람들을 힘들게 하는 예가 많다. 마가복음 9장에는 귀신들린 어린 아이 이야기가 나온다.

(막9:20) 이에 데리고 오니 귀신이 예수를 보고 곧 그 아이로 심히 경련을 일으키게 하는지라 그가 땅에 엎드러져 구르며 거품을 흘리더라

이 경우에는 숨어 있던 귀신이 예수님으로 인하여 발현되는 현상이다. 평소에도 귀신들은 사람에 영향을 끼치지만 아이를 예수께로 데려오는 동안에는 별 일이 없었을 것이다. 그런데 예수를 보자 귀신들이 들어 나게 되며 아이에게 영향을 끼치게 된 것이다. 경련을 일으키고 땅에 넘어져 구르며 입에서는 거품을 품게 되었다. 숨어 있었던 귀신이 발현되면서 나오는 현상을 성경이 기록하고 있는 것이다.

이렇게 눈에 띄게 들어 나는 경우도 있지만 실제로 내가 축사 기도를 하면서 듣게 되는 경우는 내면의 심리 상태나 감정을 건드리는 경우가 더 많다. 특히 크리스천이라 신앙의 힘으로 버텨 나가고 있는 경우에는 내면의 심리 상태에 영향을 주게 된다.

다음은 내가 축사를 하면서 귀신들에게 들어 가서 뭐 했는지를 물으면 대답하는 내용들이다.
"너, 들어 가서 뭐했어? 3가지만 말해!"
"죽일려고 했지."
"왜 죽이려고 했어?"
"살면 안 돼?"
"이 자매가 왜 살면 안 되는데?"
"이 자매는 귀신 나라에 위험해."
"그래서 죽이려고 했는데 실패했어?"
"응, 10번 죽이려고 했는데 다 실패했어."

"실패했으면 떠나야지 왜 계속 있어?"

"떠나면 안 돼."

"왜 안 되는데?

"일을 못 하게 머리를 복잡하게 했어."

"그리고 또 뭐 했어?"

"잠을 못 자게 했어."

"잠을 못 자게 했어?"

"그리고 꿈에서 공격을 했지."

"꿈에서 뭘 공격해?"

"꿈에서 죄를 짓게 했지."

"그리고 또 뭐 했어?"

"성경을 못 읽게 했지."

위의 대화는 비교적 자세히 내용을 담아 보았다. 내 경험상 귀신들이 이야기한 내용은 약간의 과장이 있을 수는 있지만 이야기하는 것 자체는 전혀 근거 없는 것은 아니다. 축사가 끝나고 기도 받은 사람에게 내용을 확인해 보면 큰 윤곽에서 내용 자체는 틀리지는 않다. 결국 나의 영적 권위에 눌려 귀신들이 거짓을 이야기하는 것 같지는 않다.

"들어 가서 뭐 했어?"

"죽이려고 했지"

"죽이는 것은 실패했을 것이고 또 뭐 했어?""싸우게 만들었지."

"누구하고 싸우게 만들어?"

"남편하고 싸우게 만들었어."

이 자매는 가정에 우환이 있었고 그것을 감당하는 과정에서 남편

하고 마찰이 많은 케이스였다. 마귀는 죽이려고 무척 노력했고 가정을 깨뜨리려 했지만 다행히 자매가 강력히 저항해서 현재까지 생명과 가정을 잘 지킬 수 있었다.

"넌 뭐 했어?"
"분주하게 만들었어"
"그리고 또?"
"쓸데없는데 돈을 쓰게 했어."

이 자매는 축사 기도 후 물어보니 자신이 사치가 심해서 돈은 잘 버는데 돈이 안 모였다고 답했다. 이런 것을 보면 귀신들은 정말로 별의별 것 다 건드리며 우리 삶을 망가트리려고 엄청난 노력을 하고 있다.

"넌 언제 들어갔어?"
"얘 남편 일이 잘 안될 때 들어갔지."
"들어 가서 뭐 했어?" "원망하게 하고"
"또?"
"미워하게 하고."
"또?"
"서운함을 느끼게 하고."

남편이 직장에서 사직하고 사이가 많이 안 좋은 케이스이다. 신앙으로 이겨냈지만 한 동안 남편과의 관계로 힘들어 했던 케이스이다.

"넌 들어가서 뭐 했어?"

"새로운 일을 못 하게 했어."
"또?"
"무기력하게 했지."
"또?"
"조급하게 했어."

굉장히 능력 있는 자매였는데 다소 다혈질적인 성향이 있었다. 마구 사업을 벌이다 쫄딱 망하고 삶의 어려움이 많았던 케이스였다.

"들어 가서 뭐 했어?"
"죽이려고 했지."
"또?"
"돈을 못 모으게 했어."
"돈을?"
"사업이 크게 되는 것을 막으려고."

사업하는 있는 이 자매인데 돈은 잘 버는데 쓰는 데 계획성이 없는 자매이다. 좋은 일을 하는데 재정을 사용하고 있지만 너무 무계획적으로 사용한다는 느낌이 드는 자매이다.

"넌 들어가서 뭐 했어?"
"슬프게 하고."
"또?"
"죽고 싶게 하고."
"또?"
"저주했어, 다 저주했어."

이 자매는 아주 착실하게 신앙생활을 했지만 항상 눌림이 있었다. 결국 귀신들의 영향권 아래서 살아왔던 것이다.

"넌 들어 가서 뭐 했어?" "억울해, 억울해!"
"억울하긴 뭐가 억울해?"
"죽여야 하는데 못 하게 돼서 억울해!"
"쓸데없는 소리 말고 또 뭐 했어?" "외롭게 했어."

이 자매도 삶의 무게에 눌려 어려운 삶을 살고 있었고, 외로움을 느끼며 살도록 만든 것이다. 외로움은 자살로 가는 통로인데 죽이려 하다 실패하니 다시 역으로 방향을 틀어 외로움을 느끼게 하는 것이다.

"넌 들어 가서 뭐했어?"
"불안하게 했어."
"또?"
"조급하게 했어."
"또?"
"자신없게 했어."

이 자매는 대체적인 분위기가 쳐져 있었으며, 삶의 무게를 짊어지고 가는 느낌이었다. 불안하고 조급함을 느끼면 사람은 어떤 액션을 취하게 되어 있는데 반대로 행동을 못 하게 해서 삶이 엉망이 되게 하는 것이 이 귀신의 목적이었다.

"들어 가서 뭐했어?"
"죽이려고 했지."

"그리고 또?"
"악하게 살도록 했지."
"또 뭐했어?"
"자녀를 실패하게 망가트렸지."

이 자매도 삶의 무게에 눌려 좀 힘들게 살아가고 있었다.

"넌 뭐 했어?"
"미래에 대하여 두려움을 가져다주었지."
"또 뭐 했어?"
"재정이 들어오지 못하게 했지."
"또?"
"관계를 깨트렸지."

이 자매는 실제로 시댁과의 관계가 한 동안 매우 힘든 과정을 겪었었다.

"들어 가서 뭐 했어?"
"우울하게 했지."
"또 뭐 했어?"
"혼자 있게 했지."
"또?"
"즉시 즉시 하지 못하게 미루게 했어."

이 자매는 실제로 나름 잘 극복을 해서 대학에서 일하고 있는 유식한 엘리트 여성이다.

"넌 언제 들어갔어?""얘가 5살 때 들어갔지."
"그래? 그럼 들어가서 뭐 했어?"
"친구들에게 왕따당하게 했지."
"초등학교 때는 뭐 했어?"
"더 심하게 왕따당하게 했지."
"그럼 중학교 때는 뭐 했어?"
"다른 사람들이 싫어 하게 했어."
"고등학교 때는?"
"엄마의 미움 받게 배가 아파 공부 못 하게 했지."
"그래서 정말로 공부를 못 하디?"
"그럼, 공부 못 해서 대학 떨어졌어"
"그럼 20대에는 뭐 했어?"
"직장 생활 못 하도록 방해했지."
"그래서 직장 생활을 못 했어?"
"아니 직장 생활을 꿋꿋이 잘 하더라고."
"30대에는 뭐 했어?"
"30대에는 죽이려고 했는데 실패했어.
나 실패하면 안 돼, 나 나가면 안 돼."

이 자매는 나름 열심히 살고 있지만 상처로 얼룩진 삶을 살고 있었다. 축사 기도가 끝나고 이 귀신이 "아브라함 정이 너무 쎄"라고 하며 쌍욕을 하고 나갔다고 말해 주었다.

"넌 들어 가서 뭐 했어?
"죽이려고 했지."
"또 뭐 했어?"
"학교 못 가게 했지."

"또 뭐했어?"

"결혼을 못하게 했어."

"그래서 이 자매가 결혼을 못 했어?"

"아니 결혼을 했어."

이 자매는 어렸을 때에 엄마와의 관계가 아주 나빴다. 아마 그 과정에서 귀신에게 틈을 주어 귀신에 휘둘리며 산 것 같다. 그러나 이 귀신은 결국 "더러워서 나간다"라는 말을 하고 나갔다.

귀신들이 나름 잘 났다고 떠들었지만 앞에서 이야기한 바와 같이 나의 영적 권위에 눌려 완전히 거짓말을 하는 것은 아니라는 것이다. 그것은 축사가 끝난 뒤 내가 직접 축사 받은 사람에게 물어 확인해보면 대략적으로 맞다. 약간의 허풍은 있지만 전혀 근거 없는 말을 하는 것은 아니다.

그렇다면 귀신들이 이런 의도가 있다면 그것이 실현될 수 있을까? 정말로 귀신들은 자신들의 능력으로 수행할 수 있는지가 궁금해지는 대목이다. 위의 말 중에 귀신이 "결혼을 못하게 했지"라고 해서 내가 "그래서 결혼을 못 했어?"라고 물으니 귀신이 답하기를 "결혼을 했다고" 답했다. 결국 귀신들이 의도했다고 해도 반드시 이루어지는 것은 아니다. 결국 우리의 내적 능력이 강하면 귀신들에 휩싸이지 않을 수도 있다는 결론이다.

3.

모든 귀신들이 노리는 기승전 다음의 결말은?

그러면 귀신들이 사람들에게 들어가 일으키는 행동의 최종 목적은 무엇일까?

"억울해, 억울해!"
"뭐가 억울해?"
"이제 이년을 죽일 일만 남았는데 오늘 쫓겨나는 것이 억울해!"
"죽일 일 전에는 뭐 했어?"
"삶이 막히게 했지"
"그리고 또 뭐 했어?"
"우울하게 만들었어."

축사 후 이 자매에게 물어보니 삶이 잘 풀리지 않아 죽음만을 생

축사, 과학자 따라하기

각하며 살았다고 한다. 귀신들의 최종 목적은 사람들을 죽이는 것이다. 축사 시작할 때 서로 다른 많은 사람들에 물어보아도 귀신들이 말하는 공통점이 있다. 그것은 사람들을 죽음의 덫에 걸리게 하는 것이다.

인간의 복잡한 본성을 과학적으로 단순화해 해석하면 "생존"이라는 키워드로 정리할 수 있다. 생각해보라. 오늘 내가 보낸 시간의 대 부분은 무엇을 위한 시간이었나? 그것은 생존이다. 오늘 직장에 가서 돈을 번다. 무엇을 위하여 애쓰고 희생하는가? 나와 나의 가족의 생존을 위해서이다. 직장 상사에게 그렇게 혼 나고도 사표를 쓰지 않은 것은 끝까지 버티는 것이 무엇 때문인가? 나의 생존 때문이다.

퇴근 후 만난 친구가 잘난 체하며 나의 자존심을 건드려도 그 친구의 말을 끝까지 들어주는 고난의 행군을 선택한 것도 결국 나의 생존에 도움이 되기 때문이다.

인간은 생존을 위하여 우리의 몸과 마음을 총 동원한다. 그러나 귀신들은 이것을 역행하는 짓거리를 사람들에 하고 있다. 그 목적을 달성하기 위해서는 귀신들이 전력투구하지만, 한 번에 되지 않으니 무수히 많은 방법을 지속적으로 시도한다. 한번은 내가 물어보지도 않았는데 나를 보자 마자 이 자매에 들어 간 귀신의 첫 마디가 억울하다는 것이다. 최종 목표에 거의 이르렀는데 그만두고 나가야 하니 얼마나 억울하겠는가?

귀신들이 최종 목표인 사람들을 죽음 또는 자살로 유도하는 것이지만 한번에 안되기 때문에 그 전단계로 사용하는 것이 있다. 그것은 우울을 유발하는 것이다. 대 부분 사람들의 자살 앞에는 우울이 있다. 우울증이 극대화되면 자살로 이어지는 것이 보통이다. 그래서 귀신들은 사람들이 먼저 우울감을 느끼도록 사람들의 삶을 나락으로 빠지도록 노력한다.

귀신들은 영리하여 심지어 사람들의 생애 주기에 맞추어 공격을 한다.

그 사람이 중고등 학생이면 학교 성적이 안 나오도록 삶을 몬다. 한국에서 중고등생들의 최대 관심사가 학교 성적일 것이다. 공부를 아주 잘 해 전교 1등을 하는 학생들도 성적이 조금 떨어졌다고 부담을 느껴 자살을 선택하기도 한다. 어른들이 보기에는 성적이 아무리 중요해도 목숨과 바꿀 가치 있는 것은 아닌데도 학생들에게는 극단적 선택은 하는 것이다. 그 정도로 성적이 중요하기 때문에 생애 주기가 학생인 경우 귀신들은 성적으로 조절하는 경우를 많이 보았다.

우울한 느낌을 우울증이라 낙인을 찍는 것이 귀신들의 목표이다. 그렇다며 우울한 감정과 우울증은 어떤 차이가 있는 것일까?
우울증 경험이 없는 보통 사람들은 우울증이 단순히 힘든 날 느끼는 괴로움이나 슬픔, 또는 즐거운 영화 한편과 대치할 수 있는 감정 정도로 생각하게 된다. 그래서 우울증을 겪고 있는 사람 주변에 있는 가족들은 이해를 잘 못한다. 그러다 환자가 자살을 감행한 후에 생전에 잘 대해 주지 못한 것에 대하여 후회하게 된다. 이와 같이 보통 사람들이 느끼는 우울한 감정과 환자들이 느끼는 우울증은 전혀 차원이 다르다.

축사, 과학자 따라하기

우울증은 감정 뿐 아니고 몸, 심지어 인지 기능에도 영향을 주는 전방위적 공격에 시달리게 만드는 병이다. 그래서 기억력에도 영향을 주고 몸의 각종 기능 저하를 일으킨다. 따라서 단순 우울한 감정이 술 먹고 해소되거나 잠을 자고 나면 없어지는 것에 비하여 우울증은 자고 난 그 다음 날 아침에도 계속되는 질병에 해당된다.

또한 한국은 2020년 통계에 의하면 우울증 발병율이 36%로 OECD 국가 1위를 달리고 있다. 한국의 자살율이 OECD 국가 1위에 상응하는 통계이다. 결국 우울증을 견디지 못하고 자살로 이어진다는 이야기이다. 한국이 우울증이 자살로 이어지는 것이 큰 이유는 우울증을 병으로 생각하기보다는 정신력이나 의지력으로 이겨낼 수 있는 쉬운 것으로 생각하는 경향 때문이다.

귀신들은 초기에는 사람들이 단순히 우울한 감정에서 시작하게 한다. 그러나 일차적 목적은 우울증으로 가게 하는 것이다. 이렇게 일차 목표가 달성되면 자살로 이끄는 것이 최종 목표이다. 내가 축사를 해 본 대부분의 사람들은 자살로 가는 과정이었다. 그리고 축사로 쫓겨나가는 대부분의 귀신들은 목표가 거의 달성되기 직전이었는데 이루지 못하고 쫓겨나게 되어 억울하다고 한다.

결론적으로 귀신들의 최종적인 목표는 사람들을 자살에 이르게 하는 것이다. 이것을 방지하기 위하여 축사가 꼭 필요한 이유이다. 해도 되고 안 해도 되는 선택의 문제가 아니다. 인간의 생존을 위하여 요구되는 필수 과정이다.

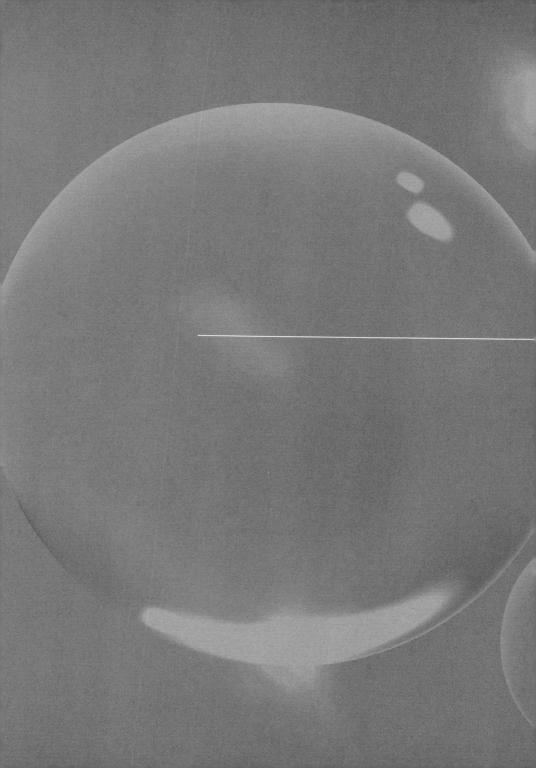

Part 2 ———————

———————

귀신, 너는 누구니?

4.

귀신의 역사는 어디에서 시작되었나?

그렇다면 이 지긋지긋한 귀신과 사람은 언제 처음 만난 것일까?

인간이 처음 귀신들의 왕초인 사탄을 만난 것은 아주 오래전인 까마득한 창세기 3장까지 올라 가야 한다. 물론 거기에는 사탄이 직접 거론되지는 않지만 하나님이 뱀의 징벌을 명하실 때 여자의 후손과 뱀의 후손이 원수가 되어 싸운다는 이야기가 나온다. 만약 뱀이 단순히 동물 뱀 만을 의미한다면 예수님을 상징하는 여자의 후손이 창세기부터 나올 필요가 없을 것이다.

마태복음 12장에는 귀신들려 눈 멀고 귀가 안 들리는 사람을 예수님이 고쳐 주신 장면이 나온다. 내가 현장에서 그것을 보았다면 "할렐루야! 너무 좋습니다. 예수님, 당신은 진정 하나님의 아들이십니다! 저를 예수님의 비서실장으로 써 주십시오. 주 7일, 112시간 근무 가능합니다."라고 했을 것이다. 그런데 그것을 본 대부분의 사람들이 놀라서 "아니, 예수는 다윗의 자손 아닌가?"라고 말했다. 그나마 "아니, 나사렛 촌놈 아녀?"라고 안 한 것이 천만다행이다.

그런데 거기에는 예수를 도저히 용납할 수 없는 부류의 사람들이 있었으니 이름하여 바리새인이다. 이들은 모세 5경을 달달 암기할 뿐 아니라 너무 유식해서 귀신의 왕 이름이 바알세불이라는 것도 아는 사람들이다. 귀신들이 이들의 유식함을 이용하기로 작정하였다. 그래서 예수를 귀신의 왕 바알세불의 힘으로 축사를 했다고 우기기 시작했다. 그랬더니 예수님이 이들을 "독사의 자식들아"라고 (마12:34) 칭한다. 이들을 "사탄의 자식들아"라고 하지 않고 창세기 3장에 나오는 "뱀의 후손"이라고 하신다. 헬라어 겐네마는 후손 또는 열매라는 뜻이다. 결국 창세기 3장의 뱀의 후손은 후대에 살아있는 동물 뱀을 말하는 것이 아니고 사탄들의 생각을 이어받아 그 열매를 맺은 사람들을 칭하는 말이다. 우리도 사탄의 생각을 이어받아 그 열매를 맺으면 뱀의 자식들이 됨으로 조심해야 한다.

요한 계시록에는 뱀이 사탄이라고 직접적으로 말하는 구절이 있다.

(계20:2) 용을 잡으니 곧 옛 뱀이요 마귀요 사탄이라 잡아서 천년 동안 결박하여

세상 끝날 쯤에 천년 왕국 시대가 오는데 그 바로 입구에서 용이 잡힌다. 그런데 잡힌 것은 하나이고 그 형태는 용인데 이름은 세 개가 더 있다. 옛 뱀이라고 한다. 이 옛 뱀은 창세기 3장의 뱀을 가리키

는 것이다. 그리고 동일 존재를 마귀라고도 하고 사탄이라고 한다. 결국 창세기 3장의 뱀은 사탄이라는 이야기이다.

또한 뱀이 흙을 먹고 산다고 (창3:14) 했는데 실제로 동물 뱀은 흙을 먹지 않는 것으로 알려져 있다. 나중에 자세히 설명하겠지만 아담이 죽으면 흙으로 되돌아 간다고 하나님이 선언하신다. 결국 죽은 자, 더 엄밀히 말하면 영적으로 죽은 자들은 사탄의 먹이감이라는 것을 은유적으로 표현하신 것이다. 따라서 사탄은 뱀을 통하여 간접적으로 창세기 3장부터 등장하였다.

그러면 사탄은 왜 인간을 타겟으로 하였을까?

그것은 하나님과 사탄 즉 하나님의 광명의 천사, 루시퍼와의 구원에서 시작된다. 그 이야기가 에스겔 28장에 나온다. 에스겔 28장에는 이스라엘 서북쪽의 두로(Tyre)라는 도시가 나오는데 교역과 상업이 활발해 막대한 부를 축적한 도시이다. 그 도시의 왕 즉 두로 왕은 막대한 부를 창출했을 뿐만 아니라 지혜도 커서 너무 교만한 자였다. 교만이 넘쳐 심지어 자신을 신이라고까지 부르게 했다. 하나님은 신이라고 하는 두로 왕을 도저히 볼 수 가 없어서 그 자가 신이 아님을 알게 하려고 사람으로 하여금 그를 쳐서 멸망하게 하였다. 실제로 남유다가 망한 지 13년 후 바벨론 왕에 의하여 두로는 멸망하게 된다.

한낱 조그만 도시의 왕에 불과한데 그가 자신을 신이라고 난리를 치든 말든 그냥 애교로 봐 주고 넘어갈 수 있었을 터이었다. 그런데 천지를 창조하신 그 위대한 하나님이 왜 그리 예민하게 반응하셨을까?

축사, 과학자 따라하기

그것은 하나님께서 우리 인간에게 루시퍼 (루시페르)란 천사 이야기를 들려주고 싶어서 일 것이다. 에스겔 28장은 두로 왕의 이야기로 시작되지만 중간에 루시퍼 이야기가 나온다. 성경을 보면 천사 중에 하나님의 사랑을 저렇게 많이 받으며 지음을 받은 천사는 없을 듯하다.

(겔28:13-15) 네가 옛적에 하나님의 동산 에덴에 있어서 각종 보석 곧 홍보석과 황보석과 금강석과 황옥과 홍마노와 창옥과 청보석과 남보석과 홍옥과 황금으로 단장하였음이여 네가 지음을 받던 날에 너를 위하여 소고와 비파가 준비되었도다 너는 기름 부음을 받고 지키는 그룹임이여 내가 너를 세우매 네가 하나님의 성산에 있어서 불타는 돌들 사이에 왕래하였도다 네가 지음을 받던 날로부터 네 모든 길에 완전하더니…

그가 지음 받던 날에 소고와 비파가 준비되었다는 것은 마치 건물이나 다리가 완공될 때 축하 밴드까지 동원하여 거대한 완공식을 하듯이 하나님의 관심이 지대했다는 것을 의미한다. 뿐 만 아니라 온갖 보석으로 장식했고, 그가 지음을 받던 날부터 모든 것이 완전했다고 한다.

심지어 그 천사는 기름 부음까지 받았다고 한다. 어쩌면 이 때까지는 사람을 창조할 계획이 없었을런지도 모른다. 그만큼 하나님의 기대와 사랑을 듬뿍 받고 지음을 받은 자가 루시퍼, 즉 광명의 천사였다. 너무 완전함이 감당이 안 되었는지 이 광명의 천사는 하나님의 수염을 잡아당기게 된다. 그리고 하나님이 앉아 계시는 동일한 자리 즉 보좌를 차지하겠다고 난리를 친 것이다.

하나님의 충격은 이만 저만이 아니었다. 우리도 평소 우리와의 관계가 그냥 그렇고 그런 평범한 사람에게 배신을 당하면 그냥 넘어갈 수 있을 것이다. 그런데 자기가 너무 사랑하는 자에게 배신을 당하면 더 용서가 안 되지 않는가? 하나님이 특별히 아끼는 천사가 배신을 한 것이다. 세분 하나님이 숙의를 거쳐 죽이지는 않고 내치기로 한다. 그래서 이 광명의 천사는 하늘에서 쫓겨나 온 우주를 유리하게 되었다 (욥1:7.) 그는 여기 저기를 다니다가 하나님이 그 분의 형상을 닮은 인간을 지으시는 것을 보고는 또 한 번 하나님에게 도전할 생각을 하게 된다. 하나님에게 직접 도전은 답이 아니라는 결론이 난 상태이니 하나님의 걸작품인 인간을 흠집내기로 한다.

그리고 드디어 아담의 신혼집이 있는 에덴 동산으로 잠입한다. 가장 쓸만한 동물로는 뱀이 가장 똑똑해 보였다. 그래서 뱀을 컨트롤하여 첫 번째 인간인 아담과 여자에게 접근하여 현란한 말로 여자의 맘을 흔들리게 한다. 하나님이 루시퍼를 너무 완벽하게 만들어 문제가 되었다. 그래서 인간은 하나님보다 조금 못하게 만드셨다. 사탄은 그 점을 파고 들었다.

(시8:5) 그를 하나님보다 조금 못하게 하시고 영화와 존귀로 관을 씌우셨나이다

루시퍼는 자신이 하나님과 같은 존재라는 논리가 틀리지 않음을 다시 한번 확인해 보고 싶었다. 그래서 인간에게 너는 하나님과 같은 존재가 될 수 있음을 부추겼다. 그 논리가 여자에게 먹혀 들어 결국 여자와 아담이 선악과를 따 먹게 하는데 성공한다. 자신이 하나님과 대등하고자 했지만 실패했던 그 논리에 기반하여 인간을 타락시킨 것이다. 선악과 사건으로 하나님과 같고자 하는 욕망 즉 사

탄의 생각이 인간에 들어오게 된 것이다. 그로 인하여 하나님과 인간 사이에 분리가 일어났고 에덴 동산에서도 인간은 쫓겨나게 되었다. 사탄으로서는 그야말로 작전 대성공이다.

사탄이 작전 대성공이라고 샴페인을 터트리고 있을 때 하나님은 또 다른 준비를 하고 계셨다. 그 장면이 창세기 3장에 기술되어 있다. 거기에는 아담과 여자 그리고 뱀이 벌을 받는 장면이 자세히 기술되어 있다. 그런데 이들 셋이 징벌을 받는 장면에서 축사와 관련된 암시가 숨겨져 있다.

먼저 뱀에게:
(창3:14) 여호와 하나님이 뱀에게 이르시되 네가 이렇게 하였으니 네가 모든 가축과 들의 모든 짐승보다 더욱 저주를 받아 배로 다니고 살아 있는 동안 흙을 먹을지니라.

사탄의 생각이 인간에 들어옴으로 인하여 아담 주위에 있던 모든 동물이 저주를 받았다. 뱀은 사탄의 직접적인 도구로 사용되었으니 하나님은 뱀이 모든 짐승보다 더욱 저주를 받는다고 선언하신 것이다. 여기서 뱀은 사탄 또는 사탄의 대리인을 상징한다. 하나님이 일개 미생물인 뱀에게 저주를 내린다는 것이 무슨 의미가 있겠는가? 뱀이 배로 다니든 흙을 먹든 그것이 무슨 큰 의미가 있겠는가? 실제로 뱀이 배로 다니는 것은 맞지만 흙을 먹지는 않는다. 하나님의 관심은 뱀 뒤에 숨어있는 사탄에게 저주를 내리신 것이다.

그럼 사탄과 배로 다니는 것과 무슨 관계가 있단 말인가?
사탄이 배로 다니라는 것은 2차원에서 생활하고 3차원을 더 이상 터치하지 말라는 뜻이다. 왜냐하면 3차원은 인간들에게 주어진 공간이기 때문이다. 사탄의 능력이 너무 출중하여 더 이상 인간들의 영역에 들어와 인간들을 괴롭히지 말라는 인간에 대한 하나님의 배려이다. 또한 3차원의 인간이 2차원의 사탄을 반드시 잡으라는 명령이기도 하다. 왜냐하면 고차원의 존재는 저차원의 존재보다 항상 월등하기 때문이다. 마치 3차원을 다니는 비행기가 2차원을 다니는 자동차보다 월등한 것과 마찬가지이다.

(창1:28) 하나님이 그들에게 복을 주시며 하나님이 그들에게 이르시되 생육하고 번성하여 땅에 충만하라, 땅을 정복하라, 바다의 물고기와 하늘의 새와 땅에 움직이는 모든 생물을 다스리라 하시니라

선악과를 먹음으로 인간들이 잃어버린 것 중에 하나가 권능 즉 다스리는 파워이다. 우리가 산에서 호랑이나 곰을 만난다면 문제가 심각하다. 선악과 이전이라면 다스리는 권능이 있어서 전혀 문제가 되지 않을 것이다. 그러므로 선악과를 먹은 인간에 가장 문제가 되는 것은 창세기 1장 28절이다. 여기에서 가장 눈에 띄는 점은 바로 하나님이 인간에게 '다스리라'는 명령을 내린 것이다.

인간은 다스릴 권능을 잃어버렸는데 사탄의 능력은 그대로 보존된다면 인간들에 남은 것은 매일 사탄의 종 노릇 하는 길 밖에 없다. 그렇게 되면 하나님도 인간들에게 더 이상 어떤 희망도 바랄 수가 없다. 인간을 바로 없애 버리는 것이 유일한 해답일 것이다. 그렇지만 하나님은 인간을 포기할 수 없다. 그래서 사탄의 영역을 3차원에서 2차원으로 내림으로 인간에게 더 이상 해를 끼치는 것을 막기를 원하시는 것이다.

축사, 과학자 따라하기

다른 한편으로는 인간이 사탄을 다스리라는 하나님의 무언의 명령이기도 하다. 왜냐하면 3차원의 존재는 2차원의 존재보다 항상 월등하기 때문이다. 따라서 인간은 사탄을 다스릴 수 있는 존재가 될 수 있는 것이다. 또한 우리가 축사 기도를 할 수 있는 근거가 될 수 있다.

남자에게 :
(창1:11-12) 이르시되 누가 너의 벗었음을 네게 알렸느냐 내가 네게 먹지 말라 명한 그 나무 열매를 네가 먹었느냐 아담이 이르되 하나님이 주셔서 나와 함께 있게 하신 여자 그가 그 나무 열매를 내게 주므로 내가 먹었나이다

하나님이 아담에게 왜 선악과를 먹었냐고 물었다. 아담이 답하는데 거기에는 두 존재가 등장한다. 하나는 여자 즉 자기 아내이다. 아담은 선악과를 먹게 된 귀책 사유로 여자를 지목하였다. 이 문장을 협의로 해석하면 선악과를 먹게 한 주요한 귀책 사유는 여자이다. 반면 다른 한 존재가 등장하는 데 그것은 하나님이다. 아담이 이야기한 말을 조그만 더 광의로 해석하면 아담이 선악과를 먹은 이유는 단순히 여자를 넘어서 그 여자를 나에게 준 하나님 때문이라는 것이다.

결국 이 언급은 '하나님 당신이 실패를 했으니 나의 처벌을 경감해 주셔야 됩니다'라고 어필하고 있는 것이다. 당장 죽음 앞에서 자신을 보호하고자 하는 주장이었지만 이 주장은 엄청난 결과를 가져오게 된다. 하나님은 우리가 생각하는 대로 우리를 대해 주시는 경향이 있다. 마태복음 25장을 보면 쉽게 알 수 있다. 한 달란트 받은 자가 하나님은 심지 않은 데서 걷는 자니 당신의 것을 가져가라 청

하니 그의 말 대로 그의 한 달란트를 빼앗아 열 달란트 갖고 있는 자에게 주었다.

(창3:19) 네가 흙으로 돌아갈 때까지 얼굴에 땀을 흘려야 먹을 것을 먹으리니 네가 그것에서 취함을 입었음이라 너는 흙이니 흙으로 돌아갈 것이니라 하시니라

결국 남자는 즉각 죽음이라는 징벌은 피했지만 평생 뼈 빠지게 일을 해야 먹고 살 수 있게 되었고 최후는 흙으로 돌아 간다는 판결을 받게 된다. 하나님은 아담 생각을 최대한 반영하여 실패한 것을 되돌려 놓겠다고 선언하셨다. 네가 나의 실패를 주장하였으니 나의 호흡을 너에게서 철회한다는 판결을 하신 것이다. 너는 원래 흙이었으니 나의 호흡을 철회하면 너는 원래 상대인 흙으로 되돌아 가는 것을 의미한다. 아담은 혹을 떼려다 혹을 붙인 격이 된 것이다.

이 선언은 또 다른 문제에 봉착하게 된다. 이 장의 시작에서 사탄과 인간은 언제 처음 만났는가에 대한 질문에 답하기 위하여 선악과 사건을 설명했는데 그 답은 충분히 얻었다. 문제는 사탄과 인간의 만남이 창세기 선악과 나무 앞에서의 만남, 그 때 한 번으로 끝나지 않게 되었다는 것이다. 왜냐하면 하나님이 흙이 뱀의 먹이가 된다고 선언하셨기 때문에 뱀은 살기 위해서는 흙을 계속 먹어야 한다. 즉 사탄은 생존을 위하여 인간을 끊임없이 사냥해야 한다는 것이다.

(창3:14) 여호와 하나님이 뱀에게 이르시되 네가 이렇게 하였으니 네가 모든 가축과 들의 모든 짐승보다 더욱 저주를 받아 배로 다니고 살아 있는 동안 흙을 먹을지니라.

축사, 과학자 따라하기

뱀의 먹이로 흙을 주셨다. 그것도 평생 흙을 먹고 살 것이라고 선언했다. 앞서 이야기했듯이 동물 뱀은 흙을 먹지 않는다. 그렇다면 이것은 사람과 사탄과의 문제를 뱀을 빗대어 말씀하는 것이다. 아담의 본 모습은 흙이었다. 따라서 아담이 흙으로 있는 동안에는 아담은 뱀 즉 사탄의 먹이 거리라는 이야기이다.

그러면 혹자는 사람이 죽으면 흙으로 돌아가니 죽은 후에 사탄의 먹이 거리이지 살아서는 문제가 안 될 것이라 생각할 수도 있을 것이다. 그러나 사람은 하나님의 생기가 작동하지 않으면 우리가 숨을 쉬고 돌아다닌다 해도 영적으로는 죽어 있는 한낱 흙에 불과하다. 그래서 다만 사탄의 좋은 먹이거리가 될 뿐이다. 결국 우리가 남자의 형상인 흙으로만 산다면 평생 사탄의 먹이거리로 살면서 고통을 당하게 될 것이다. 평생 이마에 땀을 흘리며 살도록 정하신 것이 남자의 고통을 조금이라도 줄여 주시려는 은혜인지도 모른다.

여자에게 :
그러면 하나님의 동일한 질문에 여자는 어찌 답을 했는가?

(창3:13) 여호와 하나님이 여자에게 이르시되 네가 어찌하여 이렇게 하였느냐 여자가 이르되 뱀이 나를 꾀므로 내가 먹었나이다

여자도 다급하기는 마찬가지였다. 믿었던 남편이라는 자가 선악과 사건의 모든 귀책 사유를 아내인 자기에게 밀어 버린 것이다. 이제 사형이라는 죄를 혼자 다 뒤집어써야 하는 형국이 되어 버렸다. 여자도 자기에게 돌아온 이 엄중한 귀책 사유를 누군가에게 폭탄 돌리기 하듯이 넘겨 주어야 했다. 그 해답을 찾았는데 그것은 바로 옆에 있던 뱀이었다. 그런데 여자의 폭탄 돌리기식 변호는 이 재판

상황에서 가장 잘된 변호가 되었다. 왜냐하면 뱀은 사탄과 연결된 자이므로 뱀이 표면적으로 그 책임 전가를 받는 것이 합당하다. 애당초 뱀이 계획하여 이루어진 일이기 때문이다. 그리하여 하나님은 뱀에게는 왜 그랬냐고 묻지 않고 바로 뱀에게 철퇴를 내리신다.

(창3:14-15) 여호와 하나님이 뱀에게 이르시되 네가 이렇게 하였으니 네가 모든 가축과 들의 모든 짐승보다 더욱 저주를 받아 배로 다니고 살아 있는 동안 흙을 먹을지니라. 내가 너로 여자와 원수가 되게 하고 네 후손도 여자의 후손과 원수가 되게 하리니 여자의 후손은 네 머리를 상하게 할 것이요 너는 그의 발꿈치를 상하게 할 것이니라 하시고

여자와 하나님을 선악과 사건의 귀책 사유로 말한 아담은 그 결과 흙이 되어 버린다. 그리고 그 흙은 사탄의 밥거리가 되고 만다. 반면 뱀을 선악과 사건의 원흉으로 지목한 여자에게는 하나님은 거대한 계획을 통보하신다. 그것은 여자가 사탄의 원수가 되고 여자의 후손 또한 사탄의 후손들과 싸운다는 것이다. 이 부분을 협의로 보면 하나님이 아담에게 명한 모든 동물을 다스리라는 부분이 여자와 여자의 후손으로 이어지게 되었다. 광의로 보면 사람이 사탄을 완전하게 처리할 수 없게 되자 이 부분은 확대되어 예수님이 오셔서 사탄을 처리하는 계획으로 연결된다.

반면에 이 부분을 축사 기도의 시각으로 바라보면 또 다른 해석이 가능하다. 우리가 남자의 후손이 되는 순간 사탄의 평생 먹이 거리가 되는 반면 여자의 후손이 되면 사탄을 처리할 수 있다는 이야기이다. 따라서 사탄을 처리하려면 우리는 남자의 후손이 되지 말고 여자의 후손이 되어야 한다.

축사, 과학자 따라하기

여자의 후손이 되는 길은 무엇일까? 여자의 후손 산출 과정을 보면 그 답이 있다. 여자의 후손은 성령의 권능으로 잉태되었다 (마 1:20.) 우리도 성령이 역사하셔야 여자의 후손이 되고 그래야 축사가 가능하다는 것이다. 문제는 첫째 아담은 처음부터 성인으로 시작했지만 여자의 후손은 태아 과정을 거치고 유아 시기와 초등-중등 과정을 거쳐야 성인이 된다는 사실이다. 이 부분을 축사 기도에 도입해 보면 처음부터 축사 기도가 잘 하는 사람은 드물다는 것이었다. 결국 축사의 영은 계속 강화되어야 한다. 따라서 성령을 더 강력하게 만날 필요가 있다.

결론적으로 사탄과 인간의 만남은 선악과 사건 때부터 시작되었고 남자가 흙이 되는 순간 사탄의 먹이 거리가 되어 평생 고통을 받으며 살게 되었다. 하나님은 우리에게 살아날 기회를 주셨는데 바로 여자의 후손이 되는 것이다. 무엇보다 성령의 역사를 따라 사탄과 그의 추종 천사들인 귀신들을 축사를 할 수 있는 길을 열어 주셨다.

5.

귀신들도
능력의 차이가!

그렇다면 과연 귀신들의 능력은 어느 정도일까?

우리에게 무슨 영향을 끼칠 수 있는지 그 들의 능력을 알아야 우리 감당해야 하는 것이 어느 정도인지를 알 수 있을 것이다.

사람의 생각을 조정할 수 있음

사탄이 사람을 움직일 때 가장 먼저 하는 것이 사람에게 그의 생각을 심는 것이다. 왜냐하면 우리는 무엇을 생각하느냐에 따라 움직이는 존재이기 때문이다. 성경에 가장 대표적으로 그 생각을 사탄에게 잡혀 사탄 짓을 한 사람이 예수님을 판 예수님의 최측근 가룟 유다이다. 내가 유다가 예수님의 최측근이고 하는 것은 돈 출입을 맡은 예수님의 경리 부장이었기 때문이다. 은사로 보면 돈 관리는 세리 마태가 하는 것이 옳음에도 유다를 시킨 것은 그 만큼 믿음이 컸기 때문이다.

　그러면 마귀는 어떠한 전략으로 가룟 유다를 예수를 팔 사람으로 찍었을까?
　인류 역사를 보면 세계에 대단한 왕들이 그의 최측근들에 의하여 배반당하고 무너지는 역사가 대단히 많다. 주로 측근이다가 최근에 소원해진 경우가 많다. 멀리 갈 필요도 없고 한국에서도 박정희 대통령과 그의 충복 중앙정보부장 김재규이다. 당시 중앙정보부장은 군과 함께 대통령의 안위를 책임지는 가장 중요한 직책이었다. 그 중요한 직책을 맡고 있다는 것은 대통령이 가장 신임했다는 것이다. 그런데 박정희의 요구에 부합하지 못하면서 신임도가 떨어져가고 있는 상태에 군 직책상 까마득한 후배였던 경호실장 차지철이 안하무인 같은 행동으로 마음이 매우 상해 있는 상태에서 대통령을 암살하는 일로 이어지게 된다.

　그렇다면 인간적인 눈으로 예수님의 측근 형태를 분석해 보면 어떻게 될까?
　앞서 말한 대로 경리 부장은 아무에게나 맡기는 자리가 아니다. 정직하고 믿을만한 사람에게만 맡길 수 있다. 예수님의 경리 부장이 되었다는 것은 가룟 유다를 가장 신임하는 측근 중에 측근이었다는 것이다. 그런데 얼마간의 시간이 흐른 후 예수님의 열 두 제자들 중에 최측근이 누구인가? 최측근은 베드로, 야고보와 요한으로 예수님의 이너 서클 안에 있었다. 그것은 예수님이 변화산 (마17:1)에서, 회당장 야이로의 죽은 딸 살릴 때 (막5:37), 그리고 겟세마네에서 마지막 기도하실 때 (마14:33) 이 들 세제자들만 특별히 근처에 데리고 다녔다. 따라서 가룟 유다는 이 측근에서 탈락되어 있었다.

경리 부장으로서 중요한 두 가치는 정직함과 충성심이다. 근데 가룟 유다는 이 두 가지에서 문제가 생겼다는 것을 한 번에 폭로되는 사건이 발생했다. 마리아가 비싼 향유로 예수님 발을 닦은 것이다 (요12:1-8.) 가룟 유다가 이에 대하여 공개적으로 반기를 들었다. 저 비싼 향유를 팔아 가난한 사람을 도와줄 것이지 쓸데없이 예수님 발 닦는데 돈을 낭비한다는 것이었다. 근데 성경은 이 가룟 유다의 발언을 한 뒷배경을 바로 해석해 준다. 저것을 팔아 우리에게 헌금하면 돈궤 담당자인 가룟 유다가 갈취할 수 있는데 그 기회가 사라진 것이 너무 아쉬웠다는 것이다 (요12:6.) 그래서 가룟 유다는 행정 상의 돈궤 관리의 정직함과 예수님에 대한 사랑(충성심)에 문제를 보여 측근에서 탈락했다.

현대를 살아가는 우리가 여기서 배워야 할 것이 하나 있다. 예수님의 공생애 사역 중에서 예수님에게 공개적으로 반기를 들고 예수님을 훈계한 사람은 두 사람뿐이었다. 그 하나는 위의 마리아가 비싼 향유로 예수님 발을 닦을 때 가룟 유다였고 다른 하나는 예수님이 십자가 상에서 돌아 가실 것을 예언하셨을 때의 베드로이다.

두 사건에서 예수님의 반응을 보자.
가룟 유다:
(요12:4-8) 제자 중 하나로서 예수를 잡아 줄 가룟 유다가 말하되 이 향유를 어찌하여 삼백 데나리온에 팔아 가난한 자들에게 주지 아니하였느냐 하니 이렇게 말함은 가난한 자들을 생각함이 아니요 그는 도둑이라 돈궤를 맡고 거기 넣는 것을 훔쳐 감이러라 예수께서 이르시되 그를 가만 두어 나의 장례할 날을 위하여 그것을 간직하게 하라 가난한 자들은 항상 너희와 함께 있거니와 나는 항상 있지 아니하리라 하시니라

베드로:

(마16:21-25) 이 때로부터 예수 그리스도께서 자기가 예루살렘에 올라가 장로들과 대제사장들과 서기관들에게 많은 고난을 받고 죽임을 당하고 제삼일에 살아나야 할 것을 제자들에게 비로소 나타내시니 베드로가 예수를 붙들고 항변하여 이르되 주여 그리 마옵소서 이 일이 결코 주께 미치지 아니하리이다. 예수께서 돌이키시며 베드로에게 이르시되 사탄아 내 뒤로 물러 가라 너는 나를 넘어지게 하는 자로다 네가 하나님의 일을 생각하지 아니하고 도리어 사람의 일을 생각하는도다 하시고 이에 예수께서 제자들에게 이르시되 누구든지 나를 따라오려거든 자기를 부인하고 자기 십자가를 지고 나를 따를 것이니라. 누구든지 제 목숨을 구원하고자 하면 잃을 것이요 누구든지 나를 위하여 제 목숨을 잃으면 찾으리라

둘 다 똑같이 예수님의 죽음과 관련된 것이었고 똑같이 사탄이 역사한 사건이었다. 그리고 제자들에 대한 공통 훈계도 있었다. 하지만 예수님의 유다와 베드로에 대한 반응은 사뭇 달랐다. 이렇게 예수님의 반응이 달라진 요인은 무엇인가? 가룟 유다는 가난한 자들에 대한 긍휼로 포장했지만 실상은 자신의 유익을 위한 것이었다. 베드로는 사탄에 이용당하고 있는 것을 모르고 있었지만 그래도 예수님을 순전히 사랑하는 마음에서 비롯되었다. 결국 자신에 대한 사랑이냐 예수님을 사랑하느냐가 엄청난 차이를 가져왔다.

예수님이 유다의 마음을 읽고 그 안에 있는 욕심을 지적할 만도 한데 예수님은 조용히 넘어갔다. 반면 베드로는 공개적으로 베드로의 충정을 이용하는 사탄을 가차없이 쳐내시는 축사 명령을 했다. 이 축사 명령의 유무 차이로 한 사람은 예수를 파는 자가 되는 운명을 맞이하고 한 사람은 예수님의 수제자가 된다. 축사 기도가 이들

운명을 결정할 정도로 중요했다.

다시 마귀의 능력 이야기로 돌아 가자. 그래서 처음에는 우리의 생각을 주무르기 시작한다.

(요13:2) 마귀가 벌써 시몬의 아들 가룟 유다의 마음에 예수를 팔려는 생각을 넣었더라

이럴 때 가룟 유다가 해야 할 일은 '내가 왜 스승을 팔아먹어야 한다고 생각하지?'라고 숙고하며 바로 자가 축사를 해야 했다. 우리도 사탄이 가져다 주는 생각이 수시로 들어올 수 있다. 가장 흔한 것이 어떤 사람을 미워할 아무런 이유가 없는데 자꾸 어떤 사람이 싫어지는 것이다. 뚜렷한 이유를 찾기 힘든데 자꾸 특정인에게 미움, 시기, 질투, 분노의 감정이 들거나 그냥 자신의 처지를 생각하며 염려, 불안, 조급함, 자살 충동 등의 생각이 들어오면 바로 저기 축사를 해야 한다. 다음과 같이 명령하라.
"예수님의 이름으로 명하노니 이런 생각을 가져오는 귀신들은 나가! 이런 생각은 없어져!"
이 축사 방법은 내가 종종 사용하는 문구이니 꼭 기억하기 바란다. 나는 이것을 하면 순식간에 안 좋은 생각들이 사라진다.

결국 가룟 유다는 돈 욕심, 최측근에서 배제 등 여러 일들이 계속 쌓이고 마음을 다스리지 못하고 계속 예수를 팔지에 대한 생각에 대하여 마음을 정하지 못하고 있다가 자신이 예수를 팔 자라는 것을 예수님이 안다고 생각하는 순간 마음을 정했을 것이다. 그 순간 사탄이 들어가 유다의 온 존재를 점령해 버렸다.

축사, 과학자 따라하기

(요13:26-27) 예수께서 대답하시되 내가 떡 한 조각을 적셔다 주는 자가 그니라 하시고 곧 한 조각을 적셔서 가룟 시몬의 아들 유다에게 주시니 조각을 받은 후 곧 사탄이 그 속에 들어간지라 이에 예수께서 유다에게 이르시되 네가 하는 일을 속히 하라 하시니

결국 예수를 팔고 사탄의 최종 목적인 자살로 유도했고 가룟 유다는 사탄의 임무를 하나하나 착실히 수행하는 뱀의 후손 중의 후손이 되었다.

성경에 사탄에게 마음을 내주어 초대 교회의 사랑의 공동체를 깨어 버리려는 시도를 하려다 실패한 경우가 나온다. 바로 아나니아와 삽비라 부부이다.

(행5:1-3) 아나니아라 하는 사람이 그의 아내 삽비라와 더불어 소유를 팔아 그 값에서 얼마를 감추매 그 아내도 알더라 얼마만 가져다가 사도들의 발 앞에 두니 베드로가 이르되 아나니아야 어찌하여 사탄이 네 마음에 가득하여 네가 성령을 속이고 땅 값 얼마를 감추었느냐

결국 좋은 일을 하고도 사탄의 도구가 되어 성령을 시험함으로 목숨을 잃는 안타까운 경우이다. 결국 보여 주는 믿음 생활은 의미가 없고 진정한 사랑으로 대하는 길만이 우리가 나갈 방향이다.

사탄에 잡혀 산 경우만 보면 너무 슬프니까 성령님도 우리 마음으로 오실 수 있는 이야기 하나만 더 하기로 한다.

(행7:55-56) 스데반이 성령 충만하여 하늘을 우러러 주목하여 하나님의 영광과 및 예수께서 하나님 우편에 서신 것을 보고 말하되 보라 하늘이 열리고 인자가 하나님 우편에 서신 것을 보노라 한대

스데반이 성령이 충만하다는 것은 그 마음에 하나님으로 가득차 있다는 것이다. 눈이 열리고 보좌에 계신 예수님을 보게 되는 장면이다. 이 바로 앞 장면이 스데반이 아브라함부터 이삭, 야곱, 요셉, 모세, 다윗, 솔로몬 이야기를 다 하고 목이 굳고 선지자를 죽인 조상을 이야기할 때까지는 잘 듣고 있던 이스라엘 사람들이 마음에 찔림이 있었다. 그러나 성령으로 스데반이 하늘의 예수님을 본다 하니 이스라엘의 종교인들이 참지 못하고 돌로 쳐 스데반이 순교하게 된다. 단순 설교는 종교인들이 허용하지만 성령님의 역사는 참지 못한다. 미국 레딩의 벧엘 교회의 빌 존슨 목사님의 사역이 복음주의에서 성령 사역으로 바꿀 때 수천 명의 교인들이 교회를 떠났다. 사탄은 성령 역사가 없는 종교인들은 괜찮아 한다. 그렇지만 진정 성령의 역사는 참을 수가 없다. 왜냐하면 그들의 나라가 침범 당하기 때문이다.

우리의 몸에 병을 가져올 수 있는 능력

두 번째로 사탄이 우리에게 실제적으로 영향을 주는 능력이 병이다.

(욥2:7) 사단이 이에 여호와 앞에서 물러가서 욥을 쳐서 그 발바닥에서 정수리까지 악창이 나게 한지라

욥기는 성경 중에서도 아주 신비한 내용을 담고 있다. 사탄이 하나님 앞에 나갈 수 있을 뿐 아니라 심지어 하나님이 욥을 사탄에게 자랑을 한다. 그 자랑에 대하여 사탄이 다시 반박을 한다. 그리고 반박을 하며 자신의 말이 옳음을 증명하기 위하여 하나님께 제안을 한다. 그 제안을 실행한 결과 위와 같이 욥의 온 몸에 악창이 났다. 물론 이것은 귀신들의 대장인 능력이 큰 사탄이 한 것이다.

귀신들은 사탄을 따라 나선 타락한 천사들이다. 전체 천사들의 1/3을 차지할 정도로 그 수가 많다. 우리가 만나는 귀신들은 이 타락한 천사들이다. 따라서 사탄보다는 그 능력이 적겠지만 분명히 능력이 있다는 이야기이다. 이들이 여러 가지 형태로 우리들의 몸과 마음에 영향력을 행사하는 것이다.

(눅13:11-13) 열여덟 해 동안이나 귀신 들려 앓으며 꼬부라져 조금도 펴지 못하는 한 여자가 있더라 예수께서 보시고 불러 이르시되 여자여 네가 네 병에서 놓였다 하시고 안수하시니 여자가 곧 펴고 하나님께 영광을 돌리는지라
(마12:22) 그 때에 귀신 들려 눈 멀고 말 못하는 사람을 데리고 왔거늘 예수께서 고쳐 주시매 그 말 못하는 사람이 말하며 보게 되지라

누가 복음에는 18년 동안 귀신들려 몸을 펴지 못하는 여자가 나온다. 예수님이 고쳐주시니 바로 나았다. 축사와 별개로 귀신들이 가져온 병도 나을 수도 있지만 결국은 축사가 됨으로 여자의 몸이 낳았을 것이다. 또한 귀신이 들려 눈이 멀고 말을 못 하는 사람이 나온다. 그도 예수님이 고쳐 주시니 말도 하고 눈도 보게 되었다고 간단히 기술되어 있다. 서론에 쓴 것처럼 우리가 축사를 처음 만난 것도

치유 기도해주다 만났다. 현재에도 귀신이 역사하고 해결해야 할 문제이다.

사탄과 천사장과의 대결

우리가 축사하면서 상대해야 하는 존재는 사탄과 그를 따르는 타락한 존재 즉 귀신들이다. 특히 우리가 상대해야 하는 상대는 귀신들이다. 따라서 그 존재들의 능력이 어느 정도인지 아는 것이 중요하다.

(계12:7-9) 하늘에 전쟁이 있으니 미가엘과 그의 사자들이 용과 더불어 싸울새 용과 그의 사자들도 싸우나 이기지 못하여 다시 하늘에서 그들이 있을 곳을 얻지 못한지라 큰 용이 내쫓기니 옛 뱀 곧 마귀라고도 하고 사탄이라고도 하며 온 천하를 꾀는 자라 그가 땅으로 내쫓기니 그의 사자들도 그와 함께 내쫓기니라

계시록 12장에는 천사장 미가엘과 사탄이 싸웠을 때 미가엘이 승리하고 사탄은 땅으로 쫓겨나는 장면이 있다. 이 장면이 중요한 이유는 사탄과 그의 추종자 귀신들이 한 때는 천사들이었기 때문이다. 그리고 천사들에게는 능력의 차이가 있다. 천사들에게 능력 차이가 있다는 것은 내가 개인적으로도 확인한 바이다. 나의 수호천사가 바뀐 적이 있었다. 그래서 왜 몇 달 만에 천사가 바뀌냐고 천사에게 물었을 때 더 능력이 큰 천사가 와야 하기 때문이라는 답을 들은 적이 있다. 천사들은 능력에 차이가 있다. 성경에도 그런 기록이 되어 있다.

(단10:12-13) 그가 내게 이르되 다니엘아 두려워하지 말라 네가

축사, 과학자 따라하기

깨달으려 하여 네 하나님 앞에 스스로 겸비하게 하기로 결심하던 첫날부터 네 말이 응답 받았으므로 내가 네 말로 말미암아 왔느니라 그런데 바사 왕국의 군주가 이십일 일 동안 나를 막았으므로 내가 거기 바사 왕국의 왕들과 함께 머물러 있더니 가장 높은 군주 중 하나인 미가엘이 와서 나를 도와 주므로

다니엘의 기도가 하나님께 상달되고 응답 받았는데 메신저 천사가 응답 소식을 다니엘에게 전달하러 오는 도중에 바사 왕국의 천사가 21일 동안 막아 오지 못했다는 것이다. 그래서 천사장인 미가엘이 와서 도와줘 올 수 있었다는 이야기이다. 이것은 천사들 사이에 능력의 차이가 있다는 것을 증명하는 성경구절이다.

이것이 왜 중요하냐 하면 우리의 축사에 천사들이 관여하기 때문이다. 나를 위해 배정된 천사의 능력이 작으면 결국 작은 귀신들만 축사를 시킬 수 있고 천사의 능력이 크면 큰 귀신들도 축사를 시킬 수 있기 때문이다. 따라서 다른 사람을 위한 축사 기도를 할 때 귀신의 능력이 너무 크면 더 이상 힘을 빼지 말고 중도에 중단하는 것이 좋다.

6.

귀신이 이런
전략도 쓴다고?

"너 언제 들어 갔어?" "6살 때."
"들어가서 뭐 했어?"
"슬프게 하고
죽고 싶게 만들고
돈을 못 모으게 했지."
"돈을 못 모으게 했어? 어떻게?"
"얘는 너무 착해."
"착해서 네 맘대로 조종했어?"
"아이, 얘는 너무 착해서
돈이 들어오는 대로 다 퍼 주어서
돈이 못 모이게 했지."
"돈을 다 퍼주면 좋은 것 아냐?"

축사, 과학자 따라하기

"아니 돈을 모아 큰일을 하지 못하게 하는 것이 내 뜻이야."

난 이 이야기를 듣고 쇼크였다.

귀신들이 하는 대부분의 이야기들은 다른 사람들을 미워하게 하고 본인의 이익을 챙기게 하여 인간관계를 망치게 하는 것이 일반적이었다. 그런데 이 귀신은 정반대의 이야기를 하는 것이었다. 돈을 다른 사람에게 주게 하여 선을 베풀게 했다는 것이다.

두 가지 의문이 든다. 하나는 귀신들의 선은 무엇인가? 두 번 째는 자신들의 목적을 위해서라면 하나님의 것도 사용하는 것인지? 다시 말해 우리가 생각하는 귀신들의 악랄함에서 벗어 난 전략을 써서 우리에게 극도의 혼란을 가져올 것인지?

우선 이 귀신들이 생각하는 선은 무엇인지를 보기로 하자. 위의 사건을 분명히 일차적으로 볼 때는 이 귀신은 좋은 일을 한 것이다. 재정이 가난한 사람들에게 가게 했기 때문이다. 우리가 생각하기로는 '선은 모두 하나님에 속할 것이다' 이다. 더욱이 가난한 자와 약자를 위하여 베푸는 것은 하나님의 선이 아니던가? 그런데 그 선을 귀신들이 이용하고 있는 것이다. 이 선은 선악과의 선이란 말인가?

우리가 초자연적 사역을 하면서 점점 더 선명해지는 것이 하나 있다. 그것은 귀신들은 하나님의 것을 비슷하게 카피해서 사용한다는 것이다. 루시퍼의 첫 번째 작품도 권능자의 높은 곳에 오르는 것(사 14:13)이었다. 현재에도 하나님이 아담을 위하여 만드신 좋은 것들을 사탄들이 먼저 사용하고 있다.

그중 하나가 호흡이다. 호흡은 하나님이 아담을 흙에서 살리기 위하여 사용한 첫 번째 도구이다. 호흡에 하나님의 영과 생기를 담아 아담의 코에 불어넣어 아담이 살아 있는 존재로 만들었다. 하나님의 그 첫 번째 호흡을 마중물로 사용하여 계속하여 호흡이 유지되도록 하였다. 그 호흡이 우리의 육적 유익뿐 아니라 혼적 유익도 많다는 것은 많은 과학자들에 의하여 증명되고 있다.

그런데 안타깝게도 그 호흡을 가장 많이 이용하는 그룹이 하나님을 안 믿는 자들이다. 그들은 호흡의 유익함을 알아 채리고 호흡을 그들의 육적 건강과 혼적 유익을 위하여 열심히 개발하고 있다. 그러다 보니 그들이 호흡의 전문가들이다. 크리스천들이 뒤늦게 알아차리고 뛰어들려 하니 이미 선점해 있다. 그래서 호흡을 이야기하는 크리스천은 이단으로 몰린다. 하나님이 무생물 흙을 살아있는 존재로 만들기 위하여 처음 사용한 도구를 귀신들이 선점해 버리고 정작 하나님의 자녀들은 사용할 수 없게 되 버렸다.

이와 같이 그것이 하나님에 속했던 것이 이제는 사탄에 속해 버리거나 크리스천들이 사용할 수 없게 만드는 것이 한 둘이 아니다. 드디어 귀신은 선에까지 그 손길을 뻗친 것 같다. 그 선도 베풂을 통해서 말이다. 이렇게 나오면 안 당할 크리스천이 없을 것이다.

그렇다 할지라도 그 누군가는 그 혜택을 받았으니 좋은 것 아닌가 라고 생각할 것이다. 물론 그 혜택을 누린 자가 있을 것이다. 더욱이 그 베풂을 예수님 이름으로 했다면 하나님이 영광을 받았을 것이다. 문제는 귀신들이 더 큰 설계도를 가지고 덤빈다는 것이다.

이 자매의 은사가 베풂이라면 무슨 일을 해도 베풂이 이행되는 것을 막을 수 없을 것이다. 어차피 이 자매를 통해서는 물질이 풀어져 나가야 한다면 그 베풂이 최소화되고 그 베풂으로 인하여 최대한의 불상사가 나도록 설계하는 것이다. 그 첫 번째가 종자돈이 모이지 못하도록 하는 것이다. 생기는 순간에 다 나가도록 하는 것이다. 다시 말하면 씨앗을 먹어 없애서 재산출이 안 되도록 하겠다는 것이다.

이 방법은 이 자매에게만 적용된 것이 아니다. 다른 경우가 있는데 한국의 한 소도시에 있는 중형 교회 사모님이다. 그 사모는 돈이 들어오면 자기 통장에 모여 있으면 마치 죄를 짓는 것처럼 생각하고 바로 성도들에게 가도록 했다. 그야말로 청빈의 삶을 사는 것이다. 중세 수도원의 신앙을 이어받는 경우이다. 그래서 내가 그 사모에게 물었다. "사모님의 자녀들이 목회자가 되고 싶어 합니까?" 답은 "아니오"였다. 대책 없이 다 퍼주는 것이 싫다는 것이다. 결국 이 사모님도 하나님의 가르침을 실천은 했지만 자녀 구원은 요원해진 것이다.

자 그렇다면 이 귀신이 노리는 것은 무엇인가? 그것은 두 가지일 것이다.

첫 째, 종자돈을 다 써 버리게 하는 것이다. 처음부터 다시 시작하게 만드는 작전이다. 그 소스가 헌금이리면 또 다시 헌금이 들어올 때까지 기다려야 한다. 그 소스가 본인의 노력에 의한 대가라면 열심히 노력해야 한다. 시간이 걸리는 것이다. 꾸준한 나눔을 방해하게 할 것이다.

두 번째, 베푸는 자의 삶을 고단한 모습으로 하여 본인도 지치게 할 것이다. 더 나아가 그 모습을 바라보는 사람들의 맘을 차갑게 만드는 것이다. 특히 그 자녀들이 가장 영향을 받는다. 실제로 내가 하는 주니어 리더 스쿨의 한 학생이 그런 케이스이다. 그 학생의 아버지는 목사이다. 지방의 한 도시에 작은 교회를 담임하고 있는데 돈이 생기면 무조건 성도들에 퍼 주는 케이스이다. 이 학생은 자기는 절대로 목사는 안 한다는 것이다.

이렇게 해석하면 또 다른 질문이 생긴다. 귀신들이 이렇게 고차원의 생각을 할 수 있느냐 이다. 한국의 무당 중에 정말로 귀신에 사로잡혀 하는 무속 행위를 하는 무당들이 있다. 이들은 예언의 정확도가 높아 많은 손님들이 와서 돈을 잘 버는 경우이다. 그 번 돈을 통장에 넣고 쓰기만 해도 부자로 잘 살 정도로 돈이 많다. 그런데 대부분의 그런 무당 대부분이 가난하다. 잘못 투자하게 하여 쫄딱 망하게 한다 거나 사기를 당하여 돈을 다 탕진하게 한다. 일시적으로는 부자가 되게 하는데 결말은 빈털터리로 마치게 한다. 귀신들이 이 정도는 할 수 있을 정도로 똑똑하다.

귀신도 점점 똑똑해진다. 특히 한국에 있는 귀신들은 점점 똑똑해진다. 일본에 있는 귀신들은 유치하다. 거기에는 귀신들이 명백하게 들어 난다. 반면에 한국에 있는 귀신들은 명백하게 들어 나면 쫓겨나게 생겼다. 따라서 우리도 점점 영적으로 예민해질 필요가 있다.

귀신이 '더 베풀고 살라'라는 하는 고차원의 전략을 사용하고 있으니 우리가 이를 귀신의 역사라 알 수 있겠는가? 귀신들은 하나님을 카피하는데 귀신이다. 우리는 이제 더 똑똑해질 필요가 있다. 재정적인 측면에서도 더 분별하는 삶을 살아야 한다. 그리고 영의 세계는 영으로 대적을 해야 한다. 우리에게 분별의 영이 필요하다. 분별의 영을 달라고 더 기도하자!

축사, 과학자 따라하기

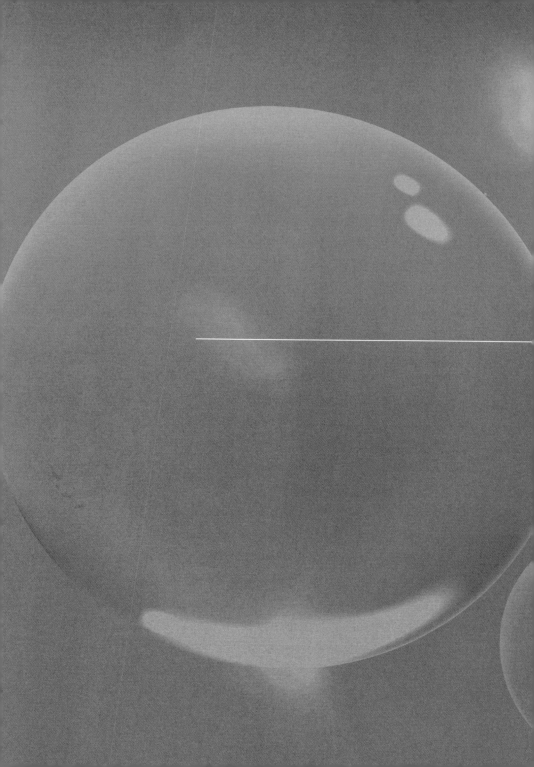

Part 3 ————————————

——————— 축사를 위한 혼 만들기

7.

하나님을 과학자의 눈으로 바라보면

축사하기 위한 나의 혼 만들기

앞에서 여자의 후손으로 태어나야 사탄과 귀신들을 처리할 수 있다는 결론을 내렸다. 특히 영적으로 여자의 후손인 예수님을 닮는 자가 되어야 축사를 할 수 있을 것이다. 물론 이 축사 책에서 이것을 근본적으로 추구할 것이다. 그럼에도 불구하고 우리의 혼에서 깨달음이 있어야 영적인 사람이 된다. 그래서 이 장에서는 혼의 영역에서 하나님을 바라보는 시간을 갖으려한다.

앞서 언급했지만 축사는 여전히 어려운 주제이다. 더 쉬운 축사 방법이 없냐고 나에게 질문하는 사람이 있다. 당신은 과학자가 아닌가? 하나님을 사랑하는 특이한 과학자가 아닌가? 더욱이 기적을

축사, 과학자 따라하기

행하는 이상한 과학자가 아닌가? 그렇다면 좀 쉬운 무엇인가를 내놓아야 하지 않느냐라는 질문을 하는 사람이 있다. 바로 나의 아내 에미꼬다.

그래 나는 과학자이다.
나는 하나님을 사랑하는 과학자이다.
기적을 행하는 이 세상에 몇 안 되는 이상한 과학자이다.
그럼 더 쉬운 방법을 내놓아야지.
아무렴! 그래 야지, 그렇고 말고, 그래야 과학자지.

그럼 과학자의 눈으로 하나님을 바라보면 어떻게 보일까?

과학자는 세상을 에너지나 힘으로 보면 아주 빠르게 이해한다. 그 세상을 만드신 하나님도 에너지나 힘으로 보면??? 많은 신앙인들은 그래 너희 과학을 하는 것들은 어찌 우주의 만물을 지으신 하나님을 에너지로, 힘으로 이해할 수 있겠느냐고 질문할 것이다. 어떤 신앙인들은 신성 모독이라고 생각하며 이쯤에서 책을 던져 버리는 사람도 있을 것이다. 내가 말하고자 하는 한 가지 분명한 것은 하나님은 무생물적인 에너지나 힘은 아니고 그 분이 역사하시는 방법이 힘이나 에너지를 사용하시는 신격체라는 것이니 오해하지 마시기 바란다.

자, 그러면 하나님이 힘 또는 에너지로 설명해 보자.

내가 설명하면 믿지 않겠다고 결심을 한 분들에게 소용이 없을 테니 하나님이 힘 (Power)와 관련된 성경 구절을 보기로 하자. 한글 성경에서 힘, 능력, 권능, 권세로 번역된 단어가 영어 성경에서 모두

Power 또는 Strength로 표현되고 있어 이들 모두를 힘과 같은 것으로 생각하기로 한다. 과학적으로 엄밀히 말하면 힘과 에너지는 다른 것이다. 이 책을 읽는 대부분의 사람들은 둘을 구별하여 설명하면 머리만 복잡 해지니 이 책에서는 힘과 에너지를 같은 것으로 이야기할 것이다. 성경에서도 힘과 에너지를 명확히 구분하지 않고 병용하여 사용하고 있다. 그러니 부디 이공계를 전공하신 분들은 너그러운 마음으로 이 점을 양해해 주시기 바란다.

그래서 이들 용어로 표현된 성경 구절을 찾아보기로 한다. 성경에 힘 또는 에너지 관련 하나님과 예수님 또는 어린 양으로 표현된 구절을 모두 뽑아 보았다. 뽑아 보니 너무 많아 대표적인 일부 구절만 여기에 나열하기로 한다.

하나님에 힘이 있거나 있기를 소망하는 성경 구절들
(욥12:13) 지혜와 권능(Power)이 하나님께 있고 계략과 명철도 그에게 속하였나니
(계1:6) 그의 아버지 하나님을 위하여 우리를 나라와 제사장으로 삼으신 그에게 영광과 능력(Power)이 세세토록 있기를 원하노라 아멘
(계4:11) 우리 주 하나님이여 영광과 존귀와 권능(Power)을 받으시는 것이 합당하오니 주께서 만물을 지으신지라 만물이 주의 뜻대로 있었고 또 지으심을 받았나이다 하더라
(계5:12-13) 큰 음성으로 이르되 죽임을 당하신 어린 양은 능력(Power)과 부와 지혜와 힘(Power)과 존귀와 영광과 찬송을 받으시기에 합당하도다 하더라 내가 또 들으니 하늘 위에와 땅 위에와 땅 아래와 바다 위에와 또 그 가운데 모든 피조물이 이르되 보좌에 앉으신 이와 어린 양에게 찬송과 존귀와 영광과 권능(Power)을 세세

토록 돌릴지어다 하니

(계19:1) 이 일 후에 내가 들으니 하늘에 허다한 무리의 큰 음성 같은 것이 있어 이르되 할렐루야 구원과 영광과 능력(Power)이 우리 하나님께 있도다.

(마6:13) 우리를 시험에 들게 하지 마시옵고 다만 악에서 구하시옵소서 (나라와 권세(Power)와 영광이 아버지께 영원히 있사옵나이다 아멘)

(마28:18) 예수께서 나아와 말씀하여 이르시되 하늘과 땅의 모든 권세(Power)를 내게 주셨으니

이렇게 많은 성경 구절에서 왜 하나님께 힘이라고 불리는 어떤 물리학적 개념이 있어야 하나? 하나님은 원래 대단한 존재인데 굳이 그 분에게 힘이 있어야 한다는 선언이 왜 필요할까? 더더구나 하나님에게 힘이 영원히 있기를 바라는 인간의 기도는 또 왜 필요할까? 그런 간구나 찬양이 없어도 하나님은 그분의 나라나 하나님 자체의 유지나 영광의 표현에 문제가 없지 않을까? 오히려 우리 같은 유한한 존재에게 힘이 필요하지 않을까? 우리에게 힘을 달라고 기도해야 하는 것이 더 옳지 않을까?

그런데 왜 하나님께 힘이 계속 거론되는 것일까?

그것은 우리 인간 때문이다. 우리 인간이 사는 세계가 힘으로 유지되기 때문이다. 우리의 손을 보자. 손 바닥에는 많은 피부 세포들이 가지런히 잘 배열되어 있다. 세포들 사이에 잡아당기는 힘과 밀어내는 힘이 균형을 이루어 세포들이 가지런히 정렬을 하고 있어 당신이 지금 보고 있는 당신의 손이 존재하는 것이다. 만약 수백 개의 세포들이 항명을 하면 당신 손은 사마귀가 잔뜩 돋은 모양을 하

고 있을 것이다. 아니면 손의 통증 때문에 잠을 못 이룰 것이다.

우리가 살아 있다는 것도 힘으로 설명할 수 있다. 우리는 몸, 혼과 영의 세 부분으로 되어 있다. 우리 만질 수 있는 물질인 몸과 만질 수 없는 비물질이라고 할 수 있는 혼과 영이 함께 있는 것이다. 과학자들도 설명을 못하는 바지만 물질인 몸이 비물질인 영과 혼을 힘으로 잡아 두고 있는 것이다. 이것은 비물질인 혼과 영이 힘 또는 에너지로 구성되어 있다는 이야기이다. 그래야만 물질이 내뿜고 있는 힘에 의하여 혼과 영이 몸 안의 어떤 위치를 이탈하지 않고 있게 된다. 마치 지구가 태양에서 이탈하지 않고 계속 공전을 하는 것은 지구와 태양 사이의 인력이 작용하기 때문인 것과 비슷하다. 몸과 혼과 영이 어느 정도의 거리를 두고 있는 지는 모르지만 몸이 가지고 있는 힘이 혼과 영을 그 자리에 보유하고 있다. 우리는 그런 상태를 살아 있다고 말한다.

반면에 어떤 이유로 몸이 최소한의 힘을 보유하지 못하고 이 힘이 너무 작아 영과 혼을 잡지 못할 수 있다. 그러면 영과 혼은 몸 안에서의 위치를 이탈하여 풍선이 하늘로 날아가듯이 몸에서 분리될 것이다. 우리는 이 상태를 죽었다고 말한다.

다시 원점으로 돌아가서 인간이 힘으로 유지되는 것과 하나님의 힘이 자꾸 거론되는 것이 무슨 상관이 있는가? 그것은 하나님이 인간 세계에 영향력을 주려면 같은 차원으로 작동해야 하기 때문이다. 인간을 힘이나 에너지가 작동해야 돌아가는 체계로 만드셨으니 하나님도 힘의 세계로 안으로 내려 오셔야 우리 인간들과 조화롭게 접촉을 하실 것이다. 만약 하나님이 힘이나 에너지 체계로 들어오시기 않으면 마치 비행기를 탄 어떤 존재가 걸어가는 사람과 대화

축사, 과학자 따라하기

를 해야 하는 격이다. 대화 자체가 불가능할 것이다.

하나님은 힘이나 에너지로 유지될 뿐 아니라 그 힘을 사용하신다. 그 예를 성경에서 찾아보겠다.

하나님이 힘으로 역사하심

(렘10:12) 여호와께서 그의 권능(Power)으로 땅을 지으셨고 그의 지혜로 세계를 세우셨고 그의 명철로 하늘을 펴셨으며

(고후13:4) 그리스도께서 약하심으로 십자가에 못 박히셨으나 하나님의 능력(Power)으로 살아 계시니 우리도 그 안에서 약하나 너희에게 대하여 하나님의 능력(Power)으로 그와 함께 살리라

(고전6:14) 하나님이 주를 다시 살리셨고 또한 그의 권능(Power)으로 우리를 다시 살리시리라

(눅6:19) 온 무리가 예수를 만지려고 힘쓰니 이는 능력(Power)이 예수께로 나서 모든 사람을 낫게 함이러라

(사40:29) 피곤한 자에게는 능력(Power)을 주시며 무능한 자에게는 힘(Power)을 더하시나니

(고전4:20) 하나님의 나라는 말에 있지 아니하고 오직 능력(Power)에 있음이라

하나님은 그 힘과 에너지로 우리 인간들이 상상하기 힘든 일들을 하셨다. 가장 대표적인 것이 창조일 것이다. 그 힘으로 땅을 만드셨다고 예레미야 선지자는 말한다. 어디 땅 뿐이겠는가? 하늘의 별도, 지구 위로 쏟아지는 빛을 내뿜는 태양도 하나님의 능력으로 만드셨다.

또한 예수님이 십자가에 못 박혀 죽으신 후 3일 후에 살리신 것도 그 힘으로 하셨다고 바울 사도는 말한다. 죽었는데 하나님의 어떤 힘이 작동하니 예수님이 살아나셨다는 것이다. 그 힘이 예수님을 살리셨듯이 우리도 죽은 후에 다시 살리실 것이란다. 이것도 하나님이시니 하시겠지 인정할 수 있는데 더 신기한 것이 있다.

그것은 그 힘이 마치 살아있는 어떤 존재처럼 살아서 움직이기도 한다는 것이다. 그 예가 마태복음 9장과 누가복음 8장에 나온다. 예수님이 사역을 하시고 동네를 지나가고 있었다. 연예인처럼 많은 사람들이 그 뒤를 따라가고 있었다. 거기에는 12년동안 혈루병을 앓고 있는 여자가 있었다. 어떤 요인에 의하여 피가 멈추지 못하고 다른 사람들보다 피를 많이 흘려야 하니 전신에 힘이 하나도 없었을 것이다. 우리가 가끔 일이 너무 많아 죽도록 일을 하고 식사도 때를 놓쳐 배고프고 지치는 경험을 한 적이 있을 것이다. 우리는 그런 경험을 가끔 하는 것도 끔찍한데 이 혈루병 걸린 여자는 과다 출혈로 매일 매일이 피곤, 그 자체였을 것이다. 그러니 병을 낫기를 얼마나 희망하였겠나?

거기에다 이 혈루병은 레위기 15장에 나오는 피가 나는 유출병 중에 하나로 부정한 병으로 규정되어 있다. 그러니 예수님 당시에는 종교적인 사회라 이 여자가 사회적으로 받아야 하는 편견과 괄시가 얼마나 심했겠나? 그러니 이 여자는 예수님께 "제 병은 혈루병인데 고쳐 주세요!"라고 나설 용기가 나지 않았을 것이다.

이도 저도 할 수 없는 상황이지만 병을 낫고자 하는 갈망이 너무 커 이 여자의 모험심이 발동된다. 당시 사람들은 예수의 몸을 만지면 병이 나을 것이라는 해괴한 이론을 만들어 떠들어 댔다 (눅6:19.)

축사, 과학자 따라하기

하지만 이것은 이론일 뿐이었고 한 번도 증명되지 않았다. 그런데 이 혈루병을 앓고 있는 여자가 이 이론을 믿고 실행을 하기로 결심하였다. 문제는 예수님의 몸을 만지면 예수님이 알아차릴 것이라는 것이 문제였다. 필요가 발명을 가져온다고 이 여자는 당시의 해괴한 이론, 예수의 몸을 만지면 병이 낫는다는 것에 한 가지를 더하는 희대의 새로운 이론을 만든다. 옷만 살짝 만져도 예수님의 능력이 자기의 혈루병을 고칠 것이라는 거의 희망 고문에 가까운 이론을 수립한다.

그리고 자신의 전혀 근거 없는 이론을 테스트하기 위하여 무모한 실험을 감행한 것이다. 많은 사람들이 예수님을 따라 가는 것을 보고 뒤쪽으로 몰래 접근하여 아무도 눈치채지 못하게 예수님 옷의 가장자리에 살짝 손을 댄다. 근데 이 여자가 천재인지 그 이론이 맞아 버렸다. 옷을 만지니 능력이 예수에게서 여자에게로 나갔다.

나는 사람들을 위하여 기도할 때 능력이 나가는 것을 느낄 때가 많다. 주로 능력이 나가면 무슨 일이 벌어진다. 그러니 나보다 더 영적으로 예민하신 예수님이 능력이 나간 것을 어찌 모르시겠는가? 갑자기 예수님 뒤돌아보며 궁예 말소리로 소리를 치신다.
"누가 내 몸에 손을 대었는고?"
곁에 있던 매일 참견자 베드로가 팔도 사투리로 끼어 든다.
"아따, 그 게 아니고유, 보셔유, 너무 많은 사람들이 이렇게 따라오다 그만 예수님을 누군가가 밀었을 꺼 만유. 신경 쓰지 마세유."
"뭔 소리니니. 누가 내 옷자락을 만졌다고"

상황이 이렇게 되니 여자가 이실직고를 하지 않을 수 없게 되었다. 그런데 예수님에게서 예상치 못한 반응이 나왔다. 갑자기 무서

축사를 위한 혼 만들기

운 궁예에서 사랑스러운 예수님으로 변신하여 벌벌 떨고 있는 혈루병 여자를 안심시키며 말씀하셨다.

"딸아 안심하라 네 믿음이 너를 구원하였다." 하시니 여자가 그 즉시 구원을 받으니라 (마9:22).

이 여자는 단순 병만 나은 것이 아니고 구원도 받았다. 물론 여기서 말하는 구원은 병에서 해방됨을 뜻할 가능성이 크기는 하다. 아무튼 이 여자의 해괴한 이론 즉 예수님 옷자락만 만져도 낫는다는 어불성설의 이론을 예수님은 믿음이라고 해석하셨다. 그리고 그 믿음은 구원을 가져왔다.

그 힘은 우리 인간에게는 여러 용도가 있어 피곤한 사람에게는 물질적인 힘이 되기도 하고 능력이 없는 사람에게는 단순 물리적인 힘 이상의 어떤 기능을 주는 유능함을 첨가하기도 한다. 또한 하나님 나라 즉 왕국은 말잔치가 아니고 능력 즉 힘으로 유지된다고 한다. 그 만큼 힘은 인간에서뿐만이 아니고 하나님에게서도 중요한 요인이다. 더 근본적으로 말하면 하나님의 세계에 있던 힘과 에너지가 인간 세계로 내려온 것이라 하는 것이 더 맞을 것이다. 그런데 우리는 이런 힘은 과학에서나 거론해야 하는 하찮은 것으로 여기고 하나님에 적용하면 안 되는 것으로 오해하고 있다.

축사도 결국은 힘(능력)으로

(눅4:36) 다 놀라 서로 말하여 가로되 '이 어떠한 말씀인고 권세와 능력(Power)으로 더러운 귀신을 명하매 나가는도다' 하더라 (고후10:4) 우리의 싸우는 무기는 육신에 속한 것이 아니요 오직 어떤 견고한 진도 무너뜨리는 하나님의 능력(Power)이라 모든 이론을 무너

축사, 과학자 따라하기

뜨리며(호13:14)내가 저희를 음부의 권세(Power)에서 속량하며 사망에서 구속하리니 사망아 네 재앙이 어디 있느냐? 음부야 네 멸망이 어디 있느냐? 뉘우침이 내 목전에 숨으리라

거기에다 우리의 주제인 축사에서도 이 힘이라는 것이 작동된다. 누가 복음 4장에는 예수님이 회당에서 말씀을 가르치는데 귀신들린 사람이 있어 "귀신아 나가라"라는 한 마디에 축사가 되었다. 사람들이 해석하기를 예수님의 말씀에 권세와 능력(힘)이 있어 귀신이 쫓겨나간 것으로 말하는 장면이 나온다. 결국 귀신도 힘에 눌려 나간다는 이야기이다.

따라서 축사도 이 힘과 관련된다. 그런데 그 힘이 하나님의 그 무엇과 관계됨을 고린도 후서 10장에서 말하고 있다. 우리의 육신에서 나오는 힘이 아니고 엄청난 힘이라 어떤 진도 무너뜨릴 수 있는 하나님의 힘이다. 반면에 음부에도 그 힘이 있다. 그 음부의 힘은 결국 귀신들의 힘과 관련될 것이다. 결국 축사는 하나님의 힘과 귀신들의 힘의 충돌의 결과라는 것이다. 하나님의 힘이 당연히 귀신의 힘보다 큼으로 축사는 되게 되는 것이 원칙이다. 문제는 이 하나님의 힘을 어떻게 우리에게 가져와 사용하는가 하는 것이다. 그것을 쉽게 설명해 주는 것이 양자역학이다. 양자역학 이야기를 다음 장에서 해 보자.

8-1.
양자역학으로 설명되는 영의 세계

1. 보는 대로 될지어다!

앞 장에서 이렇게 장황하게 힘에 관한 이야기를 한 것은 내가 가진 물리적인 힘으로는 귀신들을 물리칠 수 없고 하나님의 권능을 덧입어야 축사가 가능하기 때문이다. 만약 우리의 물리적인 힘으로 축사가 가능하다면 귀신들린 사람을 구타하면 될 것이다. 절대로 그것은 아니니 제발 축사 기도하면서 사람들을 구타해서는 안 된다. 사람을 구타하여 귀신을 내 쫓는 유일한 방법은 사람이 죽을 때까지 패는 방법 뿐이다. 사람이 죽으면 귀신은 더 이상 사람에 붙어 있을 수가 없다. 축사는 성공한다 할지라도 사람이 죽으면 무슨 소용이 있겠는가? 예전에 축사를 이상하게 이해하시는 분들이 사람을 때리면서 축사 기도를 하다가 사고가 나는 뉴스가 종종 있었다. 다시 한번 말하지만 축사 기도하면서 구타나 눈 같은 특정 신체 부위를 가해하지 말라! 이 구타에 사용되는 힘과 축사에 필요한 힘은 차원이 달라 서로 적용할 수 없다. 다시 강조하지만 축사하면서 소위 말하는 안찰은 절대로 하지 말라. 굳이 신체적 접촉이 필요하다면 손만 살짝 대는 안수 정도는 괜찮다. 바울의 손수건으로도 악귀가 떠났으니까.

　나는 과학자이니까 양자역학 이야기를 해 보자.
　이 세상은 원자라는 작은 알맹이로 구성되어 있는데 원자나 분자의 힘, 에너지와 운동에 관하여 연구하는 학문이 양자역학이다. 학문적 정의로만 보면 우리 신앙 생활과 전혀 관계가 될 것 같지 않는 양자역학에 내가 이리 관심을 갖는 이유가 무엇일까? 그것은 양자역학에 숨겨진 비밀 때문이다. 그 비밀은 양자역학이 우리가 사는 물질 세계와 보이지 않는 하나님이 사는 영적 세계를 연결해 주는 중간 다리와 같은 역할을 하고 있기 때문이다.

　영의 세계에 계신 하나님을 물질의 세계에 있는 나의 눈으로 보면 보이지 않는다. 나는 하나님이 보고 싶다. 빛이 없는 캄캄함 밤에 우리는 아무것도 볼 수 없다. 그런데 적외선 안경을 쓰면 낮처럼 명확하게 볼 수는 없지만 개략적인 형체를 볼 수 있다. 우리는 눈에 보이는 물질 세계에 너무 익숙하여 눈에 보이지 않은 영의 세계에 대해서는 이해하고 싶어도 이해가 안 되었다. 그런데 양자역학의 원리는 우리 신앙을 이해하는 데 도움이 된다. 양자역학은 물질 세계를 사는 피조물인 사람이 영의 세계를 사시는 창조주 하나님을 볼 수 있는 안경 렌즈가 되어 준다.

　양자역학에는 영의 세계와 연관을 지을 수 있는 많은 이야기들이 나온다. 그 중에 축사와 연관성을 갖고 있는 부분은 에너지의 전환과 양자 얽힘이라는 주제이다. 아인슈타인의 이론에 의하면 에너지가 물질로, 물질이 에너지로 상호 변환이 가능하다. 이 에너지 이야기와 함께 다른 하나인 양자 얽힘은 두 물질이 상호작용 후 멀리 떨어져 있어도 한 쪽이 변하면 다른 쪽도 그에 반응하는 것이 가능하다. 코펜하겐 학파 과학자들에 의해 양자 얽힘이 지지되었고 역설적으로 아인슈타인은 동의하지 않았다. 그러나 이 후에 다른 과학자들에 의하여 양자 얽힘이 옳다는 것이 증명된다. 이 책에서는 양자역학 중 이 두 현상을 이해하면 축사하는데 도움이 되기 때문에 설명하고자 한다.

눈에 보이지 않는 에너지가 보이는 물질로 변하는 비밀

아인슈타인의 '특수상대성 이론'이라는 것이 있는데 에너지와 물질의 변환 관계를 설명한 것이다. 그 유명한 공식인 $E = mc^2$ 가 바로 그것이다. 즉 에너지는 어떤 비율의 물질로 변환이 가능하고 물질은 어떤 양의 에너지로 변환이 가능하다는 이론이다.

우리 생활에서 일어 나는 것을 예로 들어 쉽게 설명하면 태양의 빛 에너지가 식물의 잎을 비추면 그 안에서 광합성을 통하여 포도당이라는 물질을 만들어 낼 수 있다. 포도당은 설탕 두 개로 구성된 물질이다. 반대로 태양 에너지가 변환되어 생긴 포도당을 포함한 식물을 우리가 음식물로 섭취하면 그 포도당이란 물질이 에너지로 변환되어 우리가 힘을 쓸 수 있다. 에너지가 물질로, 물질이 에너지로 변환되는 되는 것이 지금 이 순간에도 지구 어디에서, 그리고 바로 당신 몸 안에서 끊임없이 일어난다. 만약 이 두 과정 중 하나라도 중단된다면 당신은 이 지구상에서 존재할 수 없다.

이것이 영의 세계와 무슨 상관이 있을까?

에너지는 눈에 안 보이고 물질은 눈에 보인다. 비슷하게 하나님은 눈에 보이지 않는 영의 세계에 있고 우리는 눈에 보이는 물질 세계에 있다. 우리는 하나님을 만나야 한다. 그것이 건강한 신앙 생활이다. 그러면 보이지 않는 하나님과 보이는 우리가 어떻게 만날 수 있을까? 그것은 서로의 세계로 변환되어야 한다. 보이지 않는 영의 세계에 계신 하나님은 보이는 세계로 들어와야 하고, 보이는 물질의 세계에 있는 우리는 보이지 않는 세계로 들어 가야 한다. 그것이 어떻게 가능할까? 양자역학은 이것이 일어 나는 원리를 설명할 수 있다.

(고후4:18) 우리가 주목하는 것은 보이는 것이 아니요 보이지 않는 것이니 보이는 것은 잠깐이요 보이지 않는 것은 영원함이라

바울 사도는 고린도후서에서 보이지 않는 세계를 주목한다고 했다. 현재의 환란은 잠깐이지만 영원한 시간 안에서의 평안을 누리게 되니 현세에 너무 휘둘리지 말라는 의도로 쓴 부분이다. 문맥상 시간을 이야기하는 장면에 보이는 것과 보이지 않는 것을 비유로 말하였다. 그것은 우리가 보이는 세계에 고착되어 있어 보이지 않는 하나님의 영적 세계를 이해하지 못하기 때문이다.

자! 그러면 보이는 것과 보이지 않는 것을 양자역학에서 어떻게 설명하고 있나?

그림 1. 이중 슬릿 실험과 관찰자 효과

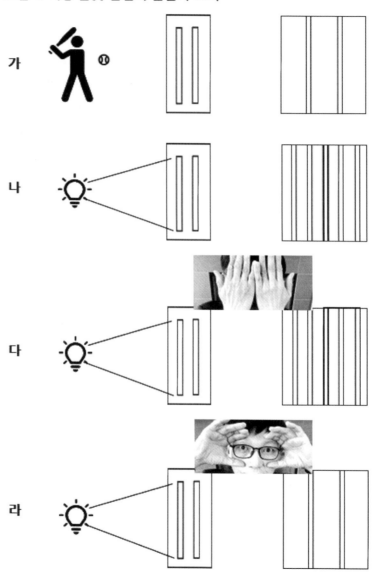

양자역학에서 가장 유명한 실험이 있는데 물리학자 영이 제안한 이중 슬릿 실험이다. 원래 목적은 1800년대에 토마스 영이라는 과학자가 빛이 파동이라는 것을 증명하기 위하여 고안한 것이었는데 양자역학으로 인하여 더 유명해진 실험이다.

그림 1에서와 같이 막혀 있는 판에 두 개의 직사각형 슬릿을 만들어 광자나 전자를 통과하게 하고 뒤쪽에 검출기를 댄다. (가)에서와 같이 눈에 보이는 물질로 통과하면 마치 야구공이나 좁쌀이 슬릿을 통과하여 검출기에는 자국을 남기듯이 두 슬릿 모양과 같은 형태로 두 줄로 검출된다. 반면 (나)와 같이 광자나 전자가 눈에 보이지 않는 파장 즉 에너지 형태로 통과하면 서로 간섭을 일으켜 검출기에는 여러 줄로 검출된다. 마치 호수에 조약돌 두개를 던지면 물이 파동을 일으키는데, 두 파동이 만나 서로 간섭하면서 물결 모양을 만들어 내는 것과 비슷하다. 그래서 광자나 전자가 눈에 안 보이는 파장(에너지)인지, 즉 여러 줄로 검출되는 지를 확인한다 (나). 아니면 광자나 전자가 눈에 보이는 물질인지, 즉 두 줄로 검출되는 지를 확인하는 실험이다 (가).

실제로 광자나 전자를 두 슬릿으로 통과시켜 보면 그림1의 (나)와 같이 여러 줄이 검출된다. 따라서 광자와 전자는 평소 눈에 보이지 않는 에너지 형태로 다닌다는 간단하고 명료한 결론이다. 그런데 한 이상한 과학자가 실험을 통해 이상한 현상을 발견한다. 광자 하나를 슬릿을 통과하도록 쏘면 왼쪽 슬릿으로 통과하는지 아니면 오른쪽 슬릿으로 통과하는지를 알아보고자 슬릿 뒤에 통과하는 광자를 볼 수 있는 탐색기를 장치하고 실험을 해 보았다.

그랬더니 이상한 일이 벌어졌다.

광자나 전자는 평소에는 그림 1의 (다)와 같이 눈에 보이지 않는 파장인 에너지 형태로 움직인다. 따라서 검색기에 여러 줄 모양으로 나타난다. 그런데 그림 1의 (라)와 같이 한 슬릿 뒤에 탐색기를 설치하고 탐색기를 켜면 여러 줄이 두 줄로 바뀌는 것이 관측되었다. 다시 말해 광자나 전자가 파장이었는데 탐색기를 장치하고 관찰하는 순간 물질로 바뀐 것이다. 다시 말하면 눈에 보이지 않는 에너지가 눈에 보이는 물질로 바뀐 것이다. 이 실험은 여러 번 반복해도 결과는 마찬가지이다. 다른 과학자가 다른 실험실에서 해도 마찬가지 결과를 얻게 된다. 과학자들은 왜 그렇게 되는지는 설명을 못 하고 있다. 다만 그렇다는 사실만 확인한 것이다.

이러한 사실은 우리 신앙 생활에 큰 영감과 힌트를 준다.

여러 번 반복하여 이야기하지만 하나님은 보이지 않는 세상에서 보이지 않는 형태로 존재하신다. 우리가 전도할 때 전도 대상자에게서 많이 듣는 이야기가 하나님을 보여 달라고 하는 것이다. 빌립이 예수님에게 아버지 하나님을 보여 달라고 했을 때 예수님 조차도 하나님을 보여 주지는 못하였다. 어쩌면 예수님은 본인 안에 있는 하나님을 끊임없이 보여 주셨지만 빌립에게는 보는 눈이 없었다.

(요14:8-11, 26) 빌립이 이르되 주여 아버지를 우리에게 보여 주옵소서 그리하면 족하겠나이다 예수께서 이르시되 빌립아 내가 이렇게 오래 너희와 함께 있으되 네가 나를 알지 못하느냐 나를 본 자는 아버지를 보았거늘 어찌하여 아버지를 보이라 하느냐 내가 아버지 안에 거하고 아버지는 내 안에 계신 것을 네가 믿지 아니하느냐 내가 너희에게 이르는 말은 스스로 하는 것이 아니라 아버지께서 내 안에 계셔서 그의 일을 하시는 것이라 내가 아버지 안에 거하고

아버지께서 내 안에 계심을 믿으라 그렇지 못하겠거든 행하는 그일로 말미암아 나를 믿으라 보혜사 곧 아버지께서 내 이름으로 보내실 성령 그가 너희에게 모든 것을 가르치고 내가 너희에게 말한 모든 것을 생각나게 하리라

　예수님은 "나를 본 자는 아버지를 보았다'고 답변하셨다. 더더욱 예수님 안에 하나님 아버지가 계신다고 답하셨다. 빌립이 "아, 그러네요. 이제 이해돼요. 고마워요, 예수님."이라고 하지 않으니 답답하신 예수님이 보혜사 성령님이 오면 보는 눈이 생긴다고 말씀하신다. 나중에 빌립이 오순절에 능력의 성령님을 받고는 이런 질문은 할 필요가 없이 자동으로 하나님 아버지의 존재를 알게 되었을 것이다.

　우리는 예수님도 못 하는 큰 일을 한다고 했는데(요14:12), 지금부터 하나님을 만져 보는 시간을 가져 보자. 양자역학에서 보이지 않는 것을 보이는 것으로 만드는 원리는 간단하다. 눈을 감고 마음으로 관찰하는 것이다. 탐색하는 것이다. 관심을 가지고 집중하여 바라보는 것이다. 그러면 보인다.

그림 2. 우리가 바라보는 방법

가. 기도 자리가 비어 있을 때

나. 내가 기도할 때

　그림2의 (가)에서와 같이 하나님은 우리를 향하여 항상 그 은혜의 시그널을 보내고 계신다. 지구와 태양계 어디라도 도달한다. 그렇지만 그 시그널은 눈에 안 보인다. 양자역학과 같이 눈에 보이지 않는 영의 에너지로 보내시는 것이다. 그런데 우리에게는 비밀이 하나가 있다. 그 보이지 않는 것을 보이게 하는 것이 기도이다 (나). 기도는 우리의 영과 혼과 몸을 에너지의 근원이신 하나님께 집중하는 것이다. 그러면 눈에 보이지 않게 우주 공간으로 펼쳐 나가는 하나님의 에너지가 우리가 느낄 수 있는 오감으로 표현되어 나타난다.

　그것이 나의 뾰족한 혼이 부드러운 모양으로 갈리는 것일 수도 있다. 그것이 늙어 가던 몸의 회춘일 수도 있다. 그것이 병 고침으로 나타날 수도 있다. 그것이 인간 관계 개선일 수도 있다. 그것이 재정

축사, 과학자 따라하기

의 회복일 수도 있다. 그것이 지혜일 수도 있다. 그것이 나에게 없
던 사랑일 수도 있다. 그것이 기쁨일 수도 있다. 그것이 희망일 수도
있다. 그것이 영적 은사일 수도 있다. 그것이 방언일 수도 있다. 그
것이 교회를 개척할 수 있는 능력일 수도 있다. 그것이 선교의 능력
일 수도 있다. 그것이 물을 포두주로 변하게 하는 능력일 수도 있다.
그것이 흙탕물을 식수로 변화시킬 수 있는 능력일 수도 있다. 그것
이 20점 맞던 수학을 90점으로 올릴 수 있는 것일 수도 있다. 그것
이 키가 자라게 하는 것일 수도 있다. 그것이 예언할 수 있는 능력일
수도 있다. 그것이 하나님의 음성을 듣는 것일 수도 있다. 그리고 이
책의 주제인 귀신이 떠나는 것일 수도 있다.

지금부터 하나님을 느껴 보도록 하자.
눈을 감고 혼을 잠잠케 한다.
모든 염려 걱정 근심을 다 잊는다.
두 손을 하늘을 향해 쫙 벌린다.
"하나님 오시옵소서! 하나님을 느끼게 해 주세요!"라고 기도한다.
두 손바닥에 어떤 전기적 느낌이나 따뜻한 열 감이 느껴 질 것이
다.
한가지 기도 제목을 하나님께 여쭌다.

여러 분도 한번 느껴 보세요.
단번에 안되면 더 간절히 기도하시고 다시 시도하시기 바란다.

하나님을 우리가 어떻게 바라보는가에 따라 그 대로 행하시는 하
나님 여러 분 중에는 윗글에서 하나님을 바라봄으로 느낀다는 것이
너무 인위적이지 않느냐라고 질문하시는 분이 있을 것이다. 양자역
학에서는 그럴지 몰라도 실제 나의 생활 중에는 그런 역사가 일어

날 것 같지는 않다고 생각하시는 분들이 있을 것이다. 그러면 성경에서 사람들이 바라보는 대로 그대로 된 예를 찾아보기로 하자.

(마25:24-30) 한 달란트 받았던 자는 와서 이르되 주인이여 당신은 굳은 사람이라 심지 않은 데서 거두고 헤치지 않은 데서 모으는 줄을 내가 알았으므로 두려워하여 나가서 당신의 달란트를 땅에 감추어 두었었나이다 보소서 당신의 것을 가지셨나이다 그 주인이 대답하여 이르되 악하고 게으른 종아 나는 심지 않은 데서 거두고 헤치지 않은 데서 모으는 줄로 네가 알았느냐 그에게서 그 한 달란트를 빼앗아 열 달란트 가진 자에게 주라 무릇 있는 자는 받아 풍족하게 되고 없는 자는 그 있는 것까지 빼앗기리라 이 무익한 종을 바깥 어두운 데로 내쫓으라 거기서 슬피 울며 이를 갈리라 하니라

이 달란트 비유에는 세 종들이 나오는데 그 중 다섯 달란트 받은 자와 두 달란트 받은 자는 받은 그 달란트를 잘 증가시켜 주인에게 칭찬을 들었다. 반면 한 달란트 받은 종은 생각이 전혀 달랐다. 앞의 두 종과는 달리 이 종은 머리가 너무 좋아 나름 주인을 분석하여 거기에 맞는 최선의 대책을 세워 현명하게 행하였다고 생각했다. 심지어 그 이면에는 두려움을 가져주는 사탄의 전략에 말려 종의 신분은 망각한 채 주인을 판단하고 책망하는 판사의 위치까지 올라서 다음과 같이 판결한다.

종의 판결문: 주인은 일은 안 하고 외국 여행만 다니면서도 이익만 찾는 한량으로 비판을 받아 마땅하나 선처하여 투자 원금은 돌려주니 감사함으로 원금만은 되돌려 받을 것을 명한다. 땅! 땅! 땅!

주인: 그래? 네가 나를 바라보는 그대로 너에게 해 주마. 네가 반

환한 원금은 생명을 잘 늘리는 종들에 갈 것이요, 너는 사탄의 생각을 신봉하고 있으니 그 들이 있는 곳으로 가서 그들의 실체를 경험해 보라!

위의 성경 구절이 29절에서 끝났더라면 인간적으로 이해가 간다. 그런데 이 주제에 대한 결론이 30절에서 끝난다. 29절이 달란트가 원주인으로 단순 회복되는 것을 기술하는 것이라면 30절은 잘 못에 대한 징벌이다. 그럼 이 종은 무엇을 잘 못 했는가? 아담을 창조하신 후 첫 번째 명령의 불복종에 대한 징벌에 해당되는 것이다. 하나님은 동물과 인간을 창조한 후 복을 주신 후 처음 명령이 "생육하고 번성하라"였다 (창1:28).

비록 하찮은 한 달란트라도 그것은 생명이었다. 생육하고 번성하라 즉 생명을 증가시키라는 것은 인간을 창조하시고 하나님이 하신 첫 명령이었다. 이 명령은 너무 중요하여 아담에게만 한 것으로 그치지 않고 노아에게 (창9:1), 아브라함에게 (창12:2), 그리고 예수님이 승천하시면서 제자들에게 (마28:19) 명령하신 것이었다. 보통의 사람의 경우라면 29절에서 끝났을 텐데 이 종이 판사의 위치까지 올라가 하나님의 근본 원칙을 다른 방향으로 확 되돌림으로 하나님께서 잠잠할 수 없어 30절의 징벌까지 가야 했다.

(민14:27-28) 나를 원망하는 이 악한 회중에게 내가 어느 때까지 참으랴 이스라엘 자손이 나를 향하여 원망하는 바 그 원망하는 말을 내가 들었노라 그들에게 이르기를 여호와의 말씀에 내 삶을 두고 맹세하노라 너희 말이 내 귀에 들린 대로 내가 너희에게 행하리니
(계2:23) … 모든 교회가 나는 사람의 뜻과 마음을 살피는 자인 줄

알지라 내가 너희 각 사람의 행위대로 갚아 주리라

우리는 이 험난한 세상을 살아 가면서 부정적인 경험을 많이 하게 된다. 하나님에 대한 경험도 마찬가지이다. 하나님을 잘 알지 못한 상태에서 우리의 관행에 따라 잘 못 바라보면 이와 같이 엉뚱한 결과를 초래한다는 것이다. 민수기에도 우리가 어떤 말을 하느냐에 따라 하나님은 그대로 행하신다고 하셨다. 계시록에도 우리의 행위대로 갚아 주리라 말씀하신다. 이 모든 말씀이 가리키는 것이 우리가 어디를 바라보느냐? 무엇을 행하느냐를 보시며 하나님은 거기에 상응하는 반응을 하신다는 이야기이다. 그래서 하나님의 뜻이 무엇인지 아는 것이 매우 중요하다.

자! 그럼 이런 슬픈 이야기 말고 즐거운 이야기가 있는 성경 장면은 없을까?

(단6:10, 16, 22-23) 다니엘이 이 조서에 왕의 도장이 찍힌 것을 알고도 자기 집에 돌아가서는 윗방에 올라가 예루살렘으로 향한 창문을 열고 전에 하던 대로 하루 세 번씩 무릎을 꿇고 기도하며 그의 하나님께 감사하였더라 이에 왕이 명령하매 다니엘을 끌어다가 사자 굴에 던져 넣는지라 왕이 다니엘에게 이르되 네가 항상 섬기는 너의 하나님이 너를 구원하시리라 하니라 나의 하나님이 이미 그의 천사를 보내어 사자들의 입을 봉하셨으므로 사자들이 나를 상해하지 못하였사오니 이는 나의 무죄함이 그 앞에 명백함이오며 또 왕이여 나는 왕에게도 해를 끼치지 아니하였나이다 하니라 왕이 심히 기뻐서 명하여 다니엘을 굴에서 올리라 하매 그들이 다니엘을 굴에서 올린즉 그의 몸이 조금도 상하지 아니하였으니 이는 그가 자기의 하나님을 믿음이었더라

그 유명한 사자 굴에서 살아 돌아온 다니엘의 이야기이다. 왕 이외 누구에게도 기도하지 말라는 조서를 보고도 다니엘은 하루에 세번씩 기도하다가 결국 사자 굴에 던져지는 형벌을 받게 된다. 그런데 사자들이 눈만 끔뻑이며 다니엘을 본체만체 하였다. 결국 다니엘은 사자 밥이 되지 않고 무사히 돌아올 수 있었다. 그런데 그 비결이 23절에 나오는데, 하나님이 사자들의 입을 봉하여 다니엘을 건드리지 못할 것이라는 믿음이 있었다는 이야기이다. 다니엘이 그리 믿으니 그 믿음대로 하나님이 역사하셨다는 것이다.

다니엘은 어떻게 자기 목숨을 건 도박에 가까운 믿음을 가질 수 있었을까? 여러 가지 이유로 설명할 수 있겠지만 그냥 겉으로 드러나는 것만으로 설명한다면 하나님을 신뢰할만한 경험이 몇 가지 있었다.

첫 째는 처음 바벨론에 포로로 끌려와서 왕을 섬기는 소년으로 3년간 훈련받을 때 왕의 우상 관련 음식을 거부하고 채식으로만 먹겠다 하였다. 용모가 초췌하면 환관원이 자신이 처형될 수 있어 곤란하다 하자, 10일간 테스트를 했는데 왕의 음식을 먹은 다른 소년보다 용모가 더 빛이 나 하나님의 역사하심을 경험했다 (단1:15.)

둘 째로 다니엘의 세 친구가 왕의 금동상에 절을 하지 않았다는 이유로 풀무 불에 던져져 화형의 징벌을 받았으나 불에서 타지 않고 무사히 돌아오는 것을 보았다.

셋 째는 느부갓네살 왕의 꿈을 알아내고 해석까지 할 수 있었는데, 그것은 순전히 하나님의 은혜라고 밖에 생각할 수 없다. 왜냐하면 다른 사람의 꿈을 알아내는 것은 하나님의 도우심 없이는 불가능하기 때문이다.

넷 째는 다니엘이 벨사살 왕의 영서를 해독함으로써 세 명의 총리 중 하나로 부름을 받았다.

이와 같은 경험이 쌓이면서 하나님이 자신의 목숨을 지켜 주실 분이라고 다니엘은 믿게 되었다. 그리고 하나님은 다니엘이 하나님을 바라본 그대로 하셨다. '믿음대로 될지어다'의 가장 좋은 예이다. 목숨을 건 믿음을 하나님이 붙잡아준 것이다.

하나님을 부정적으로 보는 자는 위에서 예를 든 한 달란트를 받은 종처럼 험한 결론이 될 것이다. 반면 작은 믿음으로 하나님을 보는 사람은 상응하는 작은 은혜의 삶을 살 것이다. 그렇지만 다니엘처럼 목숨을 걸 만한 큰 믿음으로 하나님을 보는 사람들은 큰 은혜의 삶을 살게 될 것이다.

현시대에서 우리는 어디서 이런 '죽으면 죽으리라' 간증을 들을 수 있을까?

우리에게 필요한 것은 '죽으면 죽으리라'하는 다니엘의 세 친구들의 믿음이 필요하다. 여러 분은 ABM은 쉽고 빠르고 재미있게 된다니까 관심을 더 가질 것이다. 대 부분의 사람들의 경우, 의무는 하기 싫고 혜택과 누림은 크길 바란다. 아담이 선악과 사건의 책임을 자신이 지지 않고 그 귀책 사유로 아내를 들었던 원죄의 뿌리가 우리들의 유전자 안에 첨가되어 강력하게 유전되고 있다. 우리는 이것부터 끊어내야 할 것 같다.

그런데 사실 에미꼬나 나나 '죽으면 죽으리라'라는 행동을 몇 번한 적이 있다. 우리가 미국으로 온 뒤 직장 문제가 잘 안 풀려 괴로워하던 중 캘리포니아 레딩에 있는 벧엘 교회에 가면 살아 계신 하나님을 만날 수 있다는 이야기를 듣고 그 교회로 6시간 차를 몰고 에미꼬와 함께 방문하였다. 주일 예배에 참석했는데 찬양이 록 가수의 공연장 같았다. 시끄러운 드럼에 찬양자는 춤을 추고 무대 위에서는 발레복을 입은 자매 한 명은 무대 한 쪽 옆에서 다른 쪽으로

축사, 과학자 따라하기

팔짝 팔짝 점프를 하면서 오갔다. 무대 양 옆으로는 무슨 영적 그림을 그린다고 하면서 네 명이 이젤 위에 캔버스를 펼쳐 놓고 그림도 그리고 있었다.

내가 다니던 교회에는 찬양에서 사용하는 악기는 피아노와 기타가 전부이고 찬양도 음정 박자 잘 맞추어 잘 부르려는 초등학생들의 음악시간 같았다. 그에 비하면 이 곳 찬양은 완전히 개판 같았다. 그래도 살아 계신 하나님을 만나야 하기 때문에 찬양이 빨리 끝나기만 기다리고 있었다. 그런데 도저히 나의 인내의 한계치를 넘는 사건이 벌어지고 말았다. 바로 옆 자석에서 어떤 형제가 웃음이 터졌는데 그냥 자연스런 웃음이 아니고 마치 발악을 하면서 큰 소리로 "하! 하! 하!"를 1분마다 외쳐 댔다. 도저히 견딜 수 없었다.

정말로 살아 계신 하나님을 만나야 하는데 이런 아수라장의 찬양을 받으시는 분이 하나님이라면 희망이 없다고 생각했다. 너무 절망스러워 차라리 죽는 게 나을 것 같았다. 그래서 고개를 무릎에 구부린 채 눈을 감고 두 손으로 귀를 막은 채 기도를 했다. "이런 것이라면 하나님 차라리 저를 죽여주세요!" 그 순간 갑자기 환상이 열리면서 공중에 큰 칼 하나가 보이더니 공중을 휙 갈랐다. 그 칼 끝부분이 내 목을 통과하며 지나갔다. 내가 내 목을 보는데 피가 한 줄기 쭉 뿜어져 나오는 게 보였다. 잠시 후 내 머리가 댕강 잘려 바닥에 떨어져 농구공이 3번 바운드 되듯이 텅 텅 텅 하더니 내 잘린 머리가 사라져 버렸다. 머리는 사라져 버렸는데 머리 있던 자리에서 20cm 뒷 쪽에서 나의 영의 눈이 나를 보고 있었다. 내 목을 보니 머리 없는 마네킹 같았다. 기도를 했다.
"주님, 내 머리는요?"
주님이 말씀하셨다. "네 머리는 필요 없다. 네 지식은 필요 없다."

"그럼, 새 머리를 주세요!"

"네가 신앙생활 잘 하면 나중에 하늘 나라에 왔을 때 왕관과 함께 달아주마."

결국 내가 모든 희망을 놓고 죽여 달라고 진심으로 기도하니 그나마 내가 의지하며 살기 위하여 평생 고이고이 모아 놓은 지식이 들어 있는 머리를 가져 가셨다. 원래 나는 교회 찬양은 한국의 찬양대에서 음정, 박자, 소프라도, 테너가 화음을 잘 맞추어 거룩하게 하는 것이라 생각했다. 그런데 지금은 록 가수처럼 형식에 구애되지 않고 영과 마음으로 드리는 찬양이 더 좋아졌다.

머리가 잘린 후 예전의 기본적으로 잘 정리된 반듯함이 없어지고, 다소 엉뚱한 신앙생활을 하고 있는 것 같다. 여러 분들이 보시기에도 아니 '과학자가 왜 이래?'라고 생각할 때가 있을 터인데 이 때 머리 잘린 후유증이라 이해해 주길 바란다.

하나님을 바라보는 것은 믿음의 표현으로 우리 앞에 현실화된다. 그러나 이에 대한 우리의 믿음이 적어 실제화가 적은 상황에서 양자역학에서도 바라봄으로 눈에 보이지 않는 것이 물질로 변하는 것이 증명되었다. 따라서 양자역학을 우리의 믿음을 촉진하는 좋은 수단이 될 수 있어 이에 소개함으로 우리 믿음이 강화되고 하나님의 영적 유산물들이 이 지구상에 실제화에 도움이 되기를 바란다. 뿐만 아니라 우리가 바라보는 범위도 더 확장되기 바란다. 그러면 우리의 믿음 생활도 그 만큼 확장될 테이니까. 하나님을 사랑하는 마음만 있으면 무엇이든 바라보자. 그러면 하나님이 이루실 것이다.

양자역학으로 설명되는 영의 세계

2. 예수님과 직통으로 연결하라!

앞 장에서 관찰함으로 보이지 않는 세계가 보이는 세계 안으로 온다는 것을 양자역학을 통하여 알아보았다. 우리의 신앙생활은 보이지 않는 하나님의 세계에서 작동하는데 우리가 무엇에 관심을 가지고 무엇을 위하여 기도하느냐에 따라 하나님이 우리를 위하여 은혜를 베푸셔서 보이는 것으로 만드신다. 예를 들어 내 몸이 아파 몸의 치유에 온 관심을 가지고 기도를 하는데 하나님이 재정을 축복하시지는 않는다. 반대로 당장 전셋값을 올려 달라는 주인 독촉에 재정 문제 해결을 기도하고 있는데 당뇨병이 낫지는 않는다. 당뇨병을 위해 기도할 때는 병이 낫고 전셋값을 놓고 기도할 때 돈 문제가 해결된다. 우리의 바라보고 관심을 두며 기도하는 곳에서 하나님이 역사하신다. 축사도 마찬가지로 축사를 바라보며 기도할 때 귀신을 내쫓을 수 있고 그 역량도 커진다.

양자역학에는 믿음을 설명할 수 있는 것이 많지만 이 장에서 한 가지만 더 설명하려 한다. 양자 얽힘이다. 쉽게 설명하면 두 개의 원자나 광자가 만나 접촉을 한 후에는 아무리 멀리 떨어져 있어도 서로 상태에 따라 반응한다는 개념이다. 그것도 거리에 상관없이 동시에 일어난다.

아인슈타인은 두 개체가 서로 반응하려면 어떤 형태로든 정보 교환이 있어야 가능하다고 주장했다. 정보 교환 없이 두 개체가 반응한다는 것은 불가능하다는 것이었다. 그런데 어떤 정보도 빛의 속력보다 빠르게 전달될 수 없음으로 두 개체가 거리를 두고 떨어져 있다면 정보 전달하는데 시간이 걸림으로 동시에 반응한다는 것은 불가능하고 시간차를 두고 반응해야 한다는 주장을 했다. 그러면서 아인슈타인은 평생 양자역학의 진위에 불신을 드러냈다.

그래서 당시에 양자역학을 주장하던 보어 같은 코펜하겐 학파 학자들은 아인슈타인과 충돌하였다. 당시로는 상대성이론이라는 아무도 범접할 수 없는 대이론을 만든 과학계의 최고 스타였던 아인슈타인에게 코펜하겐 학파의 신참 과학자들이 대드는 것은 계란으로 바위를 치는 것처럼 보였다. 그런데 나중에 과학자들이 증명하기를 아인슈타인이 틀리고 보어를 위시한 코펜하겐파 학자들이 옳다는 것이 증명되었다.

다시 말해 얼마의 거리가 떨어져 있든 양자 얽힘으로 연결된 두 원자나 광자는 거리에 상관없이 동시에 반응한다는 것이 증명된 것

그림 3. 양자 얽힘: 서로 얽혀진 두 존재는 거리에 상관없이 동시에 정보 교환을 한다.

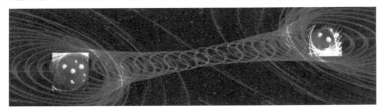

가. 양자 얽힘

나. 예수님 - 나 얽힘

이다. 이 증명으로 아인슈타인은 머쓱해 지고 코펜하겐 학자들은 양자역학에 날개를 달기 시작하였다. 아쉬운 것은 학자들이 그 이유를 설명하지 못한다는 것이다. 대부분의 과학은 그 이유를 설명하는 것이 일반적인데 양자 역학에서는 그 이유를 설명하지 못하고 사실만을 확인하는 경우가 많다. 이 경우도 마찬가지이다. 그래서 양자역학을 다 이해하는 사람은 세상에 없다는 이야기까지 나온다.

과학에는 변하지 않는 한 가지 원칙이자 줄기가 있다. 그것은 인과율이다. 인과율이란 무슨 일이 일어나기 위해서는 반드시 원인이나 입력이 있다. 반대로 보면 원인이나 입력 없이 어떤 결과도 도출되지 않는다. 그것이 인과율이다. 그런데 양자역학에는 이 인과율에 해당되지 않은 것이 너무 많다.

이 양자 얽힘도 그중에 하나이다 (그림 3 가). 한쪽에 있는 원자에 어떤 에너지나 정보가 입력이 되면 그 에너지가 다른 원자로 쏘아지고 그 에너지나 정보가 전달되는 결과로 반대쪽에 있는 원자가 변화가 되어야 한다. 이것이 인과율을 충실히 따르는 것이다. 그러려면 정보나 입력이 전달되는 시간이 필요한데 거리에 상관없이 동시에 일어난다는 것이다. 빛보다 더 빠른 정보 전달이 있는지 없는지는 과학자들이 싸울 문제이고 우리는 무엇이 참이든 상관할 문제는 아니다. 그런데 한쪽이 변하고 그 변화가 다른 쪽에 전달되기 위해서는 시간이 필요하다는 것은 우리 인간의 상식이 아닌가?

그래서 아인슈타인은 심지어 "양자역학은 귀신들의 작용이다"이라는 말로 양자역학을 폄하했다. 설명은 불가한데 사실로 증명되니 거짓이라고 말할 수는 없고 과학의 영역이 아니라는 항변이다.

앞서 나는 양자역학은 물질세계를 사는 우리와 영의 세계를 사시는 하나님과의 연결 다리라고 말한 적이 있다. 이유가 설명되지 않는데 사실인 것이 너무 많다. 우리가 경험하는 하나님도 마찬가지이다. 보이지 않는데 계신다. 내가 복음주의 교회에서 믿음 생활

축사, 과학자 따라하기

을 할 때에는 하나님을 억지로 믿어야 했다. 믿어지지는 않지만 믿지 않으면 지옥 간다니까 강제로라도 믿어야 했다. 아니 믿는 척했다고 하는 것이 더 옳은지도 모른다. 구원은 받아야 하니까. 그러니 여기저기에서 펑크가 나 본색이 드러나는 쓰라린 경험을 해야만 했다. 다행히 나는 착한 사람이었다. 부모님이 믿어야 한다고 했으니 무조건 믿었다. 그러다 여기까지 오게 되었고 양자역학이라는 과학의 눈으로 하나님을 보니 하나님이 더 믿어진다. 양자역학은 아브라함 정을 위하여 하나님이 특별히 숨겨 놓은 보물 같다.

아인슈타인이 말한 '양자역학은 귀신들의 작용'이라는 말에서 나는 힌트를 얻었다. 그럼 양자 얽힘이 나와 예수님과 무슨 관계가 있을까? 그리고 축사와는 무슨 관계가 있을까?

나는 예수님과 몇 번의 얽힘이 있었다. 양자 역학에서는 양자 얽힘이 있듯이 나와 예수님 사이에는 아브라함 정-예수님 얽힘이 있다 (그림 3 나). 그 첫 번째가 초등학교 1학년 때이다. 그때 우리 집은 시골에서 벼농사를 짓고 있던 때었다. 가을이라 벼가 익어 가던 때였다. 벼를 논에서 직접 수확하는 콤바인이 보급된 것은 그 후 한참 후였고 그때는 사람이 직접 벼를 낫으로 수확하는 시기였다. 아버지는 하루 종일 논에서 벼를 수확하느라 피곤하셔서 어머니가 부엌에서 저녁을 하시는 동안 잠시 방에 누워서 졸고 계셨다.

나는 너무 어려서 벼를 수확하는 데 도움은 안 되었지만 효자 중의 효자가 가만히 있을 수만은 없었다. 보통 벼 수확기의 가을에는 논바닥이 마른데 우리 집 논은 샘물이 나는 논이라 가을임에도 불구하고 물이 차 있었다. 그래서 물을 한 곳으로 모아 논 바깥으로 내보내는 물도랑이 논 바깥 쪽으로 쭉 이어져 있었다. 그때는 농약을 많이 안 사용하여 그 물도랑에는 미꾸라지들이 있었다. 아버지는 벼 수확을 하시고 나는 그 물도랑에서 미꾸라지를 잡았다. 초등학교 1학년 실력으로도 우리 집 추어탕 한 끼 할 정도의 미꾸라지를 잡았으니 미꾸라지들이 매우 많았나 보다.

그러나 내가 잡은 그 미꾸라지가 문제가 될 줄은 아무도 몰랐다. 평소 같으면 저녁이 금방 준비가 되어 가족 전체가 저녁을 빨리 먹고 하루 종일 농사일을 해 피곤하신 아버지를 따라 모두 불 끄고 잤을 것이다. 그런데 그날은 달랐다. 내가 아버지 드시라고 효도한다고 잡아온 그 놈의 미꾸라지로 추어탕을 만드시느라 어머니가 저녁 만드는 시간이 평소보다 오래 걸린 것이었다. 시골에서 영양 보충으로 추어탕만큼 좋은 것이 어디 있겠는가?

어머니는 부엌에서 추어탕을 만드시고 아버지는 피곤하셔서 방에서 누워서 졸고 계셨다. 나도 미꾸라지 잡느라고 피곤하여 아버지 옆에 누워있다 그만 잠이 든 모양이다. 문제는 그 당시 호랑이가 우리 집으로 와서 담배 빌려 가던 시절이었다. 당시 그 시골집에 전기가 들어오지 않았고 석유 등잔으로 밤을 밝혔다. 나는 자면서도 꿈에서는 아직도 미처 잡지 못한 미꾸라지를 마저 잡으러 쫓아 물도랑을 휘젓고 달리고 있었다. 그런데 현실에서는 방바닥을 구르고 있었다. 그러다 그만 방 한쪽에 세워 있던 석유 등잔불을 차 버렸다.

등잔이 떨어지면 보통은 불이 꺼지는데 그만 불꽃이 살아 버렸다. 거기에다 등잔이 떨어지면서 석유가 쏟아지는데 등잔 밑에서 발길질을 한 나에게 복수를 할 심산인지 내 옷 윗도리에 석유를 부어 버렸다. 나는 석유를 부은 장작이 타듯이 큰 불길을 내 뿜으며 활활 타버렸다. 나는 뜨거워 방안을 구르고 울부짖었다. 애가 죽어갈 듯이

축사, 과학자 따라하기

울부짖는 소리에 누워서 졸던 아버지는 깨 보니 웬 불덩이가 방안을 구르고 있었다. 부엌에서 추어탕을 만들던 어머니도 애 우는 소리와 환한 방 문을 보고 불이 난 줄 알고 문을 열고 들어오셨다.

아버지는 처음에는 손으로 진화하려고 했지만 석유 불에 타고 있는 아들을 구할 수가 없었다. 그렇게 허둥대다 장롱에 있던 이불로 나를 덮고 한참을 눌러 드디어 불이 진화되었다. 하지만 나는 기절한 상태였다. 당시는 119도 없어서 택시를 불러 원주 시내로 갔는데 밤 중이라 늦어서 가는 병원마다 문을 닫아 아무리 문을 두드려도 문을 열어 주는 병원이 없었다. 내가 기절해 있다가 택시 안에서 잠시 정신이 들었을 때는 이 병원 저 병원 앞에 택시를 세우고 아버지가 병원 문을 두드리고 다시 다른 병원으로 가는 것만 잠시 기억나고 그 후 완전히 정신을 잃었다.

얼마나 지났을까 내 앞에서 무서운 동물들이 나를 위협하고 있었다. 뱀, 곰, 여우와 뿔 달린 소들이 나를 위협하고 있었다. 한동안 그러다 그 장면이 없어지더니 내가 어떤 들에 서 있는데 내 앞쪽으로 강이 흐르고 있었다. 그 강 건너에 흰옷을 입는 남자가 유유히 거닐고 있었다. 나는 강 이편에 혼자 서 있고 강 건너에는 그 남자 혼자 있었다. 그 때는 어려서 몰랐는데 나중에 다시 생각해 보니 예수님이 양들과 거니는 성화에 나와 있는 하얀 옷을 입은 남자와 그 모습이 비슷했다. 내 환상 장면에서는 강 건너에 양들은 없었지만 그 남자 모습은 성화에 있는 모습과 너무 비슷했다. 나는 그 분이 예수님이라 생각한다.

그 예수님이라 생각되는 그 사람을 본 뒤 바로 나는 원주에 있는 가장 큰 종합 병원 중환자실에서 깨어났다. 내가 불에 탄 지 3일째 되는 날이었다. 내가 불에 탄 날 아버지는 기절한 나를 택시에 태우고 여전히 이 병원 저 병원 문을 열어주는 병원을 찾아 헤매고 있을 때 지나가던 어떤 사람이 이 밤 중에는 종합병원 응급실로 가야 받아 준다고 해서 원주연세대병원으로 갔다고 했다. 병원에 도착하니 응급실 당직 의사 선생님이 말하기를 너무 많은 부위를 너무 깊이 타서 살 가망이 없으니 집으로 데려가 집에서 죽음을 준비하는 것이 좋겠다고 말했단다. 아버지는 집에 데리고 가면 100% 죽으니 죽더라도 병원에서 죽어야 후회가 없다시며 제발 받아 달라고 하도 애절하게 부탁해서 하는 수 없이 그 병원에서 받아 주었다 한다. 그리고 아무도 내가 깨어날 것으로 생각하지 못한 채 중환자실에서 죽기만을 기다리고 있었다 한다. 그런데 3일째 되는 날 내가 기적적으로 깨어난 것이다.

그렇게 첫 번째로 아브라함 정과 예수님의 얽힘이 시작되었다. 이제 와 생각하니 그것이 첫 번째 예수님과 나와의 얽힘이었는데 두 번째는 좀더 확실하다.

1994년 부활절의 그 전 주일이었다. 당시 나는 미국에서 박사학위를 마치고 한국의 대학에 취직하여 살던 때이다. 그런데 아버지가 식도암에 걸려 6개월밖에 못 산다고 병원에서 사형 선고를 내린 상태이다. 아버지의 당시 연세가 64세인지라 돌아가시기엔 너무 젊고 내가 이제 취직해 효도 좀 하나 했는데 아버지가 금방 돌아가신다는 것이다. 그때는 우리는 복음주의 교회에 다니던 시절이라 치유 기도는 생각도 못 하던 시절이었다.

나는 주말마다 부모님을 뵈러 본가인 원주에 내려갔고 에미꼬는 매주 갈 수 없어 가끔 갔고 그 주는 나 혼자 가는 주였다. 본가는 3

대째 천주교를 믿어 원주에는 딱히 아는 교회도 없어 그날 주일 아침에 나 혼자 천주교 성당의 미사에 참석하고 있었다. 다른 사람들은 천주교 미사 예식에 맞추어 앉았다 일어서기를 반복하며 미사에 참여하고 있었지만 나는 맨 앞줄 왼쪽 중앙에 앉아 미사 예식 순서에는 전혀 상관없이 십자가에 매달려 있는 예수님을 보며 아버지를 살려 달라고 기도를 했다. 개신교의 십자가는 단순히 나무가 십자로만 되어 있지만 천주교의 십자가에는 나무 가운데 예수님상이 양손과 발에 못 박힌 형상으로 달려 있었다. 고개는 오른쪽 앞으로 축 늘어져 있었다.

십자가의 예수님을 보며 기도하려 맨 앞줄에 앉았다. 비교적 예수님이 가까이 보였다. 한참을 아버지의 치유를 위하여 기도하고 있었다. 그런데 갑자기 이상한 일이 벌어졌다. 오른쪽 앞쪽으로 축 늘어져 있던 예수님 고개가 똑바로 서지더니 예수님이 눈을 뜨시는 것이 아닌가? 나는 내가 하도 간절하게 아버지 치유를 위하여 기도하다 보니 헛것이 다 보인다고 생각했다. 그런데 예수님이 나를 보고 말씀하시는 게 아닌가? "나는 네가 좋다." 나는 내가 뭔가 잘 못되었다고 생각하고 눈을 비비며 예수님 상을 자세히 바라보았다. 예수님은 여전히 두 눈을 뜨고 계셨다. 예수님이 다시 한번 "나는 네가 좋다"라고 말씀하셨다. 계속 멍하고 있는데 예수님이 세 번째로 "나는 네가 좋다"라고 말씀하시더니 다시 눈을 감고 원래 모습대로 고개가 오른쪽 앞으로 기울어졌다.

나는 눈물이 터졌고 기쁨이 몰려왔다. 남자는 평생 세 번만 운다는 이상한 가르침을 받은 지라 나는 그전에는 눈물이라는 것이 없었다. 그런데 그 때 눈물이 터진 후 우리 가족 셋이 슬픈 영화를 보면 내가 제일 먼저 우는 이상한 남자가 되어 버렸다. 아버지는 결국

6개월 후에 돌아가셨지만 그 날 이후 아버지로 인하여 슬프지 않았다. 심지어 아버지 장례식 날에도 슬프지 않았다. 그 날 나는 예수님과 나의 확실한 얽힘이 이루어졌다고 생각한다. 영적으로는 환상이 더 활성화되어 눈을 떠도 환상이 보이고 심지어 교회 건물에 커다란 뱀이 칭칭 감고 있는 것도 보기도 했다.

양자 얽힘이란 원자들만 그런 것이 아니고 이와 같이 예수님과의 얽힘도 가능하다고 생각한다 (그림 3 나). 양자 얽힘의 가장 큰 특징은 둘이 얼마나 떨어져 있던 거리와 상관없이 동시에 정보 교환과 변화가 가능하다는 것이다. 공식적으로 예수님은 현재 삼층천 하나님 보좌의 오른쪽에 앉아 계신 것으로 되어 있다. 지리상으로 우리와 얼마나 멀리 계시는가? 하지만 걱정할 필요가 없다. 아무리 멀리 있어도 우리와 얽힘만 되어 있으면 보좌의 예수님과 동시에 통할 수 있을 뿐만 아니라 예수님 안에 있는 모든 정보를 고스란히 우리에게 가져 올 수 있다.

이 책의 주제인 축사를 생각해 보자.
이 세상에서 축사를 가장 확실하게 하신 분이 누구인가?
예수님!
이 세상에서 축사를 가장 **빠르게** 하신 분이 누구인가?
예수님!
이 세상에서 축사를 한 번도 실패하지 않으신 분 누구인가?
예수님!
그러면 답이 나와 있다.
보좌에 계신 예수님과 얽힘만 되면 되는 것이다.
상상 속에서 보좌로 올라가자.
그리고 예수님과 얽힘을 시도하라.

얽힘을 어떻게 해야 되는지 모르면 예수님에게 물어보시라.
당신에게 가장 알맞은 방법을 알려 주시리라.

이번 장에서 양자역학에서의 한 분야인 양자얽힘에 대하여 이야기했는데 이 어려운 주제를 이 책에서 이야기한 목적은 우리와 예수님과의 얽힘을 이야기하고 싶어서이다. 우리의 신앙생활이 모든 면에서 예수님이 필요하다. 그중에도 오늘의 주제인 축사에는 더욱 필요한데 우리가 모두 예수님과 얽힘이 되어 예수님의 모든 성분이 우리에게 와 귀신들을 제어할 수 있는 능력과 권세가 2000년 전 제자들에게만 주어지는 것이 아니고 현재 우리에게도 똑같은 권세가 주어지기를 바란다.

9.

상상력
기르기

갑자기 웬 상상력?

앞으로 내가 하는 축사 레시피에 잘 적용하고 좋은 결과를 빠르게 얻게 될 사람의 특징이 하나 있는데 그것은 상상력이 풍부한 사람이다. 따라서 상상력이 풍부하지 않는 사람에게 안 되는 방법을 해 보라고 하기 보다는 그 전에 상상력을 먼저 키워 놓고 축사 기도를 하도록 하는 것이 순서에 맞을 듯하다.

그러면 우선 나는 상상을 잘 하는 사람인지 간단히 검증해 보자!

우리 인간에게는 5개의 감각이 있는데 그 중에 시각이 발달한 사람이 상상력이 풍부하다. 그러면 내가 시각이 풍부한지를 아는 방법은 무엇일까?

그것은 잠을 잘 때나 깨어날 때 어떤 형태의 삶이 진행되는 지를 보면 알 수 있다.

　　가령 밤에 잠을 자려고 누웠을 때 머리 속에서 낮에 있었던 일 들을 생각해 보세요. 낮에 있었던 일이 그림으로 그려지는 지 아니면 단순히 생각이 나는지 체크해 보시기 바란다. 그림으로 그려지는 사람은 상상력이 풍부한 사람이고 단순히 생각이 나는 사람은 덜 풍부한 사람이다.

　　또 다른 방법은

　　오늘 길을 가다가 실수로 개똥을 밟았다고 생각하자. 만약 주변에 신발을 씻을 수 있는 곳이 있는지 찾아보는지 아니면 '에이 더러워' 하면서도 신발을 길바닥에 몇 번 닦은 후 그대로 똥 밟은 신발을 신고 가는 사람인지? 도저히 그 신발은 못 신고 가고 반드시 씻을 물을 찾는 사람은 상상력이 풍부한 사람이고 더러운 것을 감래하고 그 신발을 신고 갈 수 있는 사람은 조금 둔한 사람이다.

　　또 다른 방법은

　　국에 벌레가 빠졌을 경우 대충 벌레만 건져내고 먹을 수 있는 사람인지 아니면 국 전체를 반드시 버려야 라는 사람인지? 국 전체를 버리는 사람은 상상력이 풍부한 사람이고 대충 벌레만 처리하고 먹을 수 있는 사람은 조금 둔한 사람이다.

　　상상력을 기르는 방법은 많을 것이다. 인터넷에서 각자에게 알맞은 방법을 시도해 보고 잘 되는 것을 골라 연습해 보라. 실제로 도움이 될 것이다. 여기서는 하나님이 보여 주는 환상이나 상상이 필요하기 때문에 말씀을 가지고 연습하기로 한다.

상상력이 풍부한 사람은 아래의 과정을 한 번만 해 보셔도 되고 상상력이 조금 둔한 사람은 다음의 과정들을 잘 될 때까지 반복하시기 바란다.

1. 예레미야의 환상 장면을 모티브로 하여 상상력 기르기

성경에는 하나님이 예레미야의 환상을 연습 시키는 장면이 있다. 그 장면을 우리도 따라가 보자. 기도하며 따라가면서 우리의 환상과 상상을 증진시키는 것을 함께 해보기로 하자.

(렘1:11-12) 여호와의 말씀이 또 내게 임하니라 이르시되 예레미야야 네가 무엇을 보느냐 하시매 내가 대답하되 내가 살구나무 가지를 보나이다 여호와께서 내게 이르시되 네가 잘 보았도다 이는 내가 내 말을 지켜 그대로 이루려 함이라 하시니라

맨 먼저 우리가 해야 할 일은 하나님의 말씀이 임해야 한다.
하나님의 말씀은 천둥 번개처럼 임하지 않는다. 내 평생에 보통 사람이 내 귀에 말하는 정도의 크기로 하나님 말씀을 들은 것은 서너 번에 그친다. 대 부분의 하나님 말씀은 조용한 가운데 작은 느낌으로 들린다. 그것도 귀로 들리는 것이 아니고 배 속에서 무엇인가가 올라온다는 느낌 형태로 임한다. 그렇게 조용한 말씀을 듣기 위해서는 먼저 우리의 혼이 잠잠해야 한다.

잠잠한 혼 상태를 유지하기 위하여
먼저 아무도 없는 혼자만의 공간에 편안한 자세로 앉는다. 침대에 눕는 것은 수면 상태로 들어가기 위한 지름길이니 권장하지 않는다. 여러 명이 함께 사용하는 교회나 기도원도 가능하지만 다른 사

축사, 과학자 따라하기

람들이 중간에 기도를 중단시키지 말아야 한다. 또는 다른 사람들의 조용한 소음이 있어도 나의 기도를 방해받지 않고 계속할 수 있는 훈련이 되어 있으면 다른 사람과 공유하는 장소도 가능하다.

먼저 기도한다.

"하나님, 저도 예레미야처럼 상상이 잘 되는 사람이 되고 싶습니다. 예레미야는 하나님이 특별히 보여 주신 사람입니다. 저도 예레미야와 같은 은혜를 부어 주십시오. 저도 아무것이나 보는 자가 아닌 예레미야와 같이 의미 있는 것을 보고 싶습니다. 저의 뇌를 축복하여 주십시오! 하나님이 주시는 영의 장면도 보기를 원합니다. 예수님의 이름으로 기도합니다."

자! 그러면 하나님이 예레미야에게 한 것을 그대로 따라가며 상상 연습을 하겠다.

하나님이 "무엇이 보이느냐?"라는 당신에게 말한다.

눈을 감으시고 무엇이 보일 때까지 기다린다.

무엇이 보이면 "하나님, 이것을 저에게 보여 주신 이유가 뭐지요?"라고 묻는다.

하나님의 대답이 들릴 때까지 조용히 기다린다.

2. 무작위로 상상하기 연습

평안한 마음으로 주님께 물어본다.

첫 번째 단계에서는 무작위로 상상하는 것부터 한다.

"하나님, 하나님께서 보여 주고 싶은 것을 상상하게 해 주세요!"라고 기도한다.

그리고 무엇인가 생각날 때까지 잠잠히 기다린다.

바로 무엇인가가 생각날 수도 있고 아무 생각도 안 나고 시간이 흐를 수도 있다. 5분이든 10분이든 기다린다. 아무 생각도 안나는 5분이나 10분이 긴 시간일 수도 있다. 혼자 있는 장소에서 10분이 지나도 아무런 생각이나 상상이 안 되면 두 손을 하늘로 펼치고 큰 소리로 "아!"하며 어둠을 깨트린다고 생각하고 외친다. 만약 소리를 지를 수 없는 공공의 장소에서는 두 손을 하늘로 펼치고 속으로 "아!"하며 어둠을 깨트린다고 생각하고 소리 없이 외친다. 그리고 다시 기도부터 시작하여 첫 번째 단계를 반복한다.

　두 번째로 무엇인가가 생각이 나면 그것이 무슨 의미가 있는 지 알아낸다.
　"하나님, 지금 생각나는 이것을 왜 보여 주셨어요?"라고 기도한다.
　하나님이 무엇인가 알려 주시면 그 의미를 잘 간직했다가 나중에 확인하는 시간을 가진다.
　이 과정이 잘 되는 분은 다음 단계로 진행한다. 이 과정이 잘 안 되시는 분들은 윗 부분을 다시 반복한다!
　특정 물건 상상하기 연습
　이 번에는 에스겔 47장에 나오는 특정 장면을 지정하여 상상하는 연습을 하겠다.
　이것은 앞으로 성경을 전방위적으로 묵상하고 내 것을 만드는데 아주 효율적일 것이며 또한 말씀을 이용한 축사 기도에 아주 유용하게 사용될 것이다.

　먼저 기도부터 하고 상상 연습에 들어 가겠다.
　"하나님 아버지, 아버지가 세상을 창조하시기 전에 먼저 아버지 마음에 상상부터 하셨지 않으십니까? 저도 하나님 아버지의 상상하는 그 능력을 그 대로 닮고 싶습니다. 제 머리에 뇌 세포를 축복하소

　　　　　　　　　　　　　　축사, 과학자 따라하기

서! 상상이 잘 되는 뇌로 바꾸소서! 상상을 통하여 하나님이 이루시고 자 하는 것을 저에게 이루기를 바랍니다. 예수님 이름으로 기도합니다!"

지금부터 에스겔 47장에 나오는 구절을 읽으면서 눈을 감고 그 그림을 상상하는데 가급적 머리로 그림을 그려 가면서 진행하시기 바란다.

눈을 감은 상태로 먼저 예루살렘 성을 상상한다. 하늘로 올라 산성으로 사방이 성곽으로 싸여 있고 그 안에는 집들이 도시를 이루고 있는 모습을 본다.

네 귀퉁이에 성문이 각각 1개씩 4개의 성문이 있다. 성문의 크기는 높이는 대략 3-5m 정도이고, 넓이는 약 10m 정도이다. 그 문의 색은 엷은 녹색인데 세월이 지나 다소 바랜 녹색이다.

그 성문 중 동쪽을 향한 것이 있는데 성문 밑으로 물이 흘러나온다. 흘러나온 물은 동쪽으로 흐르다가 남쪽 문으로 향하고 돌아가고 있다.

북쪽 문으로 가니 거기에도 물이 흘러나와 동문으로 향해 내려간다.

그 물에 들어서니 발목 정도 차오른다.

대략 300m를 더 가니 물이 무릎 정도 차오른다.

대략 300m를 더 가니 물이 허리 정도 차오른다.

대략 300m를 더 가니 물이 깊어 이제 수영을 해야 할 정도이다.

더 이상 가지 못하고 물 바깥으로 나오니 그 주위에 여러 종류의 나무들이 보인다.

물은 바다로 나가고 물에는 물고기가 많다.

강가의 나무에는 각종 열매가 달려 있다.

처음에는 각각의 단계마다 이어지는 전제적인 윤곽을 상상하는 데 집중한다.

나중에는 각각의 단계마다 시간을 더 갖으며

성, 성곽, 성문, 물, 너무, 물고기, 각종 열매를 좀더 구체적이고 색상까지 상상하며

물을 건널 때는 물의 흐름, 온도, 발에 다가오는 촉감까지 세세히 상상하여 더 구체화한다.

이렇게 에스겔 47장을 상상하는 것을 점점 확장하여 좀더 세밀한 부분까지 보거나 생각할 수 있도록 계속하기 연습하기 바란다.

3. 예수님과 함께 걸으면서 이야기 나누는 것 상상하기

누가 복음 24장 (13-35절)에는 그 유명한 엠마오로 가는 제자 이야기가 나온다. 예수님이 부활하신 후 예루살렘에서 10km 정도 떨어져 있는 엠마오라는 도시로 걸어 가는 두 제자가 곁에서 함께 걸어가는 분이 예수님인 줄 모르며 예수님에게 예수님의 부활에 대하여 입에 거품을 물고 설명하는 장면이 나온다. 그러자 예수님이 설명하시기를 예수의 부활은 이미 성경에 다 예언되어 있는 데 사람들이 믿지 않는다고 책망하는 장면이다. 그래도 그를 예수님으로 알아보지 못하다가 예수님이 음식에 축사하고 떡을 떼어 주고 나서야 그 두 제자 눈이 띄어 예수님을 알아보는 장면이 나온다.

우리도 이 장면을 모티브로 하여 예수님과 함께 산책하면서 상상하는 장면을 연습하겠다.

먼저 여러 분의 믿는 친구 한 명과 평소에 잘 가는 산에 등산을 한다고 상상한다. 가다 보니 어떤 남자가 혼자 걸어 가는데 왠지 그 남

축사, 과학자 따라하기

자에게 복음을 전해야겠다는 생각이 강하게 든다. 그래서 친구와 용기를 내어 그 남자에게 다가가 "예수 믿으시나요?"했더니 그 남자가 아무 말도 안 하고 의아해한다. 여러 분은 이 엠마오의 두 제자처럼 지금부터 20분 동안 예수님에 대하여 아는 모든 것을 다 동원해서 MSG도 조금씩 뿌려가며 이 남자가 예수님에 대하여 호감을 갖도록 말을 하는 상상을 하겠다.

20분 동안 열심히 했더니 갑자기 이 남자가 예수님으로 변하는 것으로 상상합니다. 엠마오의 두 제자는 예수님이신 것을 아는 순간 예수님이 사라졌는데 우리는 이제부터 예수님과 대화하는 상상을 20분동안 더 한다.

4. 하늘 나라의 우리 거처 상상하기

(요14:1-3) 너희는 마음에 근심하지 말라 하나님을 믿으니 또 나를 믿으라 내 아버지 집에 거할 곳이 많도다 그렇지 않으면 너희에게 일렀으리라 내가 너희를 위하여 거처를 예비하러 가노니 가서 너희를 위하여 거처를 예비하면 내가 다시 와서 너희를 내게로 영접하여 나 있는 곳에 너희도 있게 하리라

요한 복음 14장에는 예수님이 십자가에서 죽게 될 것을 제자들에 말씀하신다. 실망하는 제자들을 위로하며 가서 너희 거처를 하늘 나라에 마련하러 간다고 말씀하신다. 하늘 나라에는 우리의 거처도 있을 것이다. 지금 예수님과 함께 하늘 나라에 있는 우리의 거처를 미리 상상해 보는 연습을 하겠다.

기도 먼저 한다.

"주여, 우리의 영의 눈을 열어 하늘 나라의 입구로 우리의 영과 혼을 인도 하소서.

주님과 함께 나의 거처를 구경하고 싶습니다.

주님, 저를 인도 하소서!

예수님의 이름으로 기도합니다."

자! 지금부터 여러 분이 천국의 입구에서 문이 열리고 예수님이 여러 분을 인도하여 장래의 여러 분의 천국 집을 구경하는 상상을 한다. 상상 속으로 들어 간다.

이와 같이 다른 성경 구절을 보시며 상상하는 연습을 하라.

말씀을 단순히 글로만 읽는 것이 아니고 그 말씀을 상상하며 드라마 보듯이 세세하게 상상하시면 우리 뇌에 천국의 모습을 자세히 가져올 수 있다. 그러면 나중에 말씀으로 축사하는 것이 더 생생하게 되어 귀신이 숨지 못하고 도망가는데 실질적인 도움이 되니 상상하는 연습을 많이 하기 바란다.

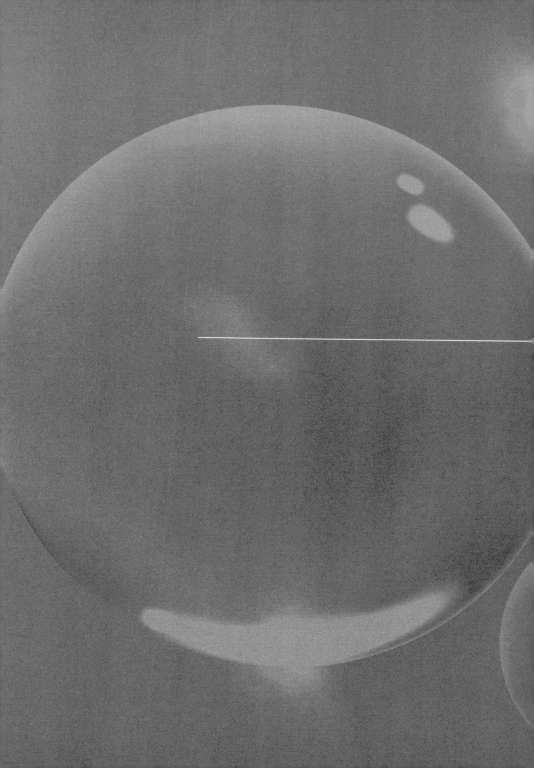

Part 4 ——————————————

——————————————— 축사를 위한 영 만들기

10.

축사 기도를 할 수 있는 사람은?

크리스천인 우리는 누구나 다 축사를 잘 하고 싶다. 이 질문은 크리스천 누구나 축사하기 원함은 있지만 모두가 축사 기도를 할 수 있느냐 하는 것이다.

축사 기도는 모두가 할 수 있을까?

정답은 '아니다'이다

그리고 또 다른 정답은 '그렇다'이다.

무슨 대답이 이럴까?

'그렇다'이면 그런거고 '아니다'이면 아닌 것이지 양자역학의 슈뢰딩거의 고양이도 아니고 이런 해괴한 답이 있을까? 대단히 중요한 문제이니 하나하나, 차근차근, 성경을 따라가면서 답을 찾아보기로 하자.

먼저 '아니다'라는 답은 왜 나왔나? 그것은 축사도 은사이고 모든

축사, 과학자 따라하기

사람에게 서로 다른 다양한 은사를 주셨음에 기인하다. 특히 우리 교회 상황에서 축사는 일부 교역자들만 한다. 따라서 축사하는 사람은 귀신 쫓는 은사가 있어야 하는 것이라고 당연히 생각할 수 있다. 그러면 성경에서는 축사 은사에 대하여 어떻게 이야기하는지 확인해 보자.

(고전12:8-11, 29-31) 어떤 사람에게는 성령으로 말미암아 지혜의 말씀을, 어떤 사람에게는 같은 성령을 따라 지식의 말씀을, 다른 사람에게는 같은 성령으로 믿음을, 어떤 사람에게는 한 성령으로 병 고치는 은사를, 어떤 사람에게는 능력 행함을, 어떤 사람에게는 예언함을, 어떤 사람에게는 영들 분별함을, 다른 사람에게는 각종 방언 말함을, 어떤 사람에게는 방언들 통역함을 주시나니 이 모든 일은 같은 한 성령이 행하사 그의 뜻대로 각 사람에게 나누어 주시는 것이니라 다 사도이겠느냐 다 선지자이겠느냐 다 교사이겠느냐 다 능력을 행하는 자이겠느냐 다 병 고치는 은사를 가진 자이겠느냐 다 방언을 말하는 자이겠느냐 다 통역하는 자이겠느냐 너희는 더욱 큰 은사를 사모하라 내가 또한 가장 좋은 길을 너희에게 보이리라

(롬12:6-8) 우리에게 주신 은혜대로 받은 은사가 각각 다르니 혹 예언이면 믿음의 분수대로, 혹 섬기는 일이면 섬기는 일로, 혹 가르치는 자면 가르치는 일로, 혹 위로하는 자면 위로하는 일로, 구제하는 자는 성실함으로, 다스리는 자는 부지런함으로, 긍휼을 베푸는 자는 즐거움으로 할 것이니라

(엡4:11-12) 그가 어떤 사람은 사도로, 어떤 사람은 선지자로, 어떤 사람은 복음 전하는 자로, 어떤 사람은 목사와 교사로 삼으셨으

니 이는 성도를 온전하게 하여 봉사의 일을 하게 하며 그리스도의
몸을 세우려 하심이라

　고린도전서에서 바울 사도는 분명히 사람마다 다른 은사를 주셨
음을 말씀하신다. 교회의 균형을 위하여 사람마다 다른 은사를 주
셨다는 말이다. 로마서 12장에도 분명히 '받은 은사가 각각 다르니'
라고 말씀하신다. 에베소서 4장에도 어떤 사람은 사도로, 선지자로,
복음 전하는 자, 목사와 교사로 삼았다고 말씀하신다. 축사가 은사
로 한다면 축사 은사를 받은 사람만 해야 한다. 따라서 "축사는 누구
나 할 수 있는 것인가?"에 대한 질문은 "아니다"가 맞다.

　그러면 '축사 기도는 모두가 할 수 있을까?'라는 동일 한 질문에
'그렇다'라는 답의 근거는 무엇인가?

　첫 번째로는 위에서 언급한 은사의 종류에 축사가 없기 때문이
다. 적어도 바울 사도가 언급한 은사 중에는 축사가 없다. 축사라는
단어는 고린도 전서 12장, 로마서 12장, 에베소서 4장 어디에도 없
다. 굳이 축사가 소속될 수 있는 은사라면 고전12:10에 나오는 '능
력 행함'일 것이다. 그러나 능력 행함의 은사는 대개는 기적에 해당
되어 축사와는 거리가 좀 멀어 보인다. 대표적인 능력 행함의 은사
는 예수님이 물 위를 걷는 것이다 (마14:25). 물이 포도주로 변하는
것이다 (요2:9). 사도 바울이 독사에 물렸는데 죽지 않은 것이다 (행
28:5). 그렇다면 축사는 개인별로 주는 은사와 다른 영역의 것인가?

　그러면 축사에 관한 내용은 어디에서 찾아야 하나? 축사와 관련
한 성경 구절은 바울 사도가 언급한 서신서에는 없고 4복음서 중 세
복음서에 적혀 있다.

(마10:1,7-8) 예수께서 그의 열두 제자를 부르사 더러운 귀신을 쫓아내며 모든 병과 모든 약한 것을 고치는 권능을 주시니라 가면서 전파하여 말하되 천국이 가까이 왔다 하고 병든 자를 고치며 죽은 자를 살리며 나병환자를 깨끗하게 하며 귀신을 쫓아내되 너희가 거저 받았으니 거저 주라

(막6:7, 12-13) 열두 제자를 부르사 둘씩 둘씩 보내시며 더러운 귀신을 제어하는 권능을 주시고 제자들이 나가서 회개하라 전파하고 13. 많은 귀신을 쫓아내며 많은 병자에게 기름을 발라 고치더라

(눅9:1-2,6) 예수께서 열두 제자를 불러 모으사 모든 귀신을 제어하며 병을 고치는 능력과 권위를 주시고 하나님의 나라를 전파하며 앓는 자를 고치게 하려고 내보내시며 제자들이 나가 각 마을에 두루 다니며 곳곳에 복음을 전하며 병을 고치더라

이 세 복음서에 쓰여진 곳을 자세히 읽어 보니 세 복음서에서 같은 장면을 기술하고 있는 것 같다. 예수님이 열두 제자를 각 마을로 복음을 전파하라 보내면서 귀신을 제어할 수 있는 능력과 권위를 주신 것이다. 여기서는 바울 사도의 개별 은사와는 전혀 다르다. 열두 제자들은 물론 사도라 할 수 있지만 각 개인별로 은사가 분명히 다를 것이다. 그렇지만 예수님은 구별하지 않고 열두 제자 모두에게 귀신을 제어할 능력을 주셨다.

여기에서 결론을 내리면 '모든 사람이 다 축사를 할 수 있느냐?'에 대한 답이 '그렇다'에 한 발 더 다가갈 수 있게 되었다. 열두 제자 모두에게 준 능력임으로 일단 개개인에 배정된 은사와는 관련이 없다. 그렇다면 그 다음 단계인 열두 제자와 우리 차이를 살펴보자.

우선 예수님과 함께 한 열두 제자와 우리를 비교한다는 것에서 첫 번째 드는 일감은 '말도 안 돼'이다. 아무리 우리가 열두 제자의 초창기 어린 모습을 디스한다해도 우리와 비교 불가이다. 그 들은 새 예루살렘 성곽의 기초석에 이름이 적혀져 있는 사람들이다 (계 21:14.)

메신저 사람 자체와 비교 불가일 때 우리가 봐야 하는 것이 있다. 그것은 메신저의 목표와 지향점이다. 인간적으로 우리는 예수님의 열두 제자와 비교 불가이지만 그 들의 목표만큼은 우리도 가질 수 있기 때문이다. 예수님이 열두 제자들에게 귀신을 제어할 능력을 주신 때가 언제인가? 그것은 복음 전파하기 위해 파송하기 직전이다. 복음 전파 목적을 달성하기 위하여 무기가 주어졌는데 그것이 축사 능력과 치유 능력이다. 예수님이 주신 것이 대단한 진리도 아니고 예언도 아니고 다름 아닌 축사와 치유 능력이다.

그런데 위의 예수님의 직접적인 제자들에 부여된 귀신을 제어할 수 있는 능력보다 더 일반적인 믿는 자에게 축사 능력이 주어지는 더 희망적인 성경 구절이 있다.

(막16:15-17) 또 이르시되 너희는 온 천하에 다니며 만민에게 복음을 전파하라 믿고 세례를 받는 사람은 구원을 얻을 것이요 믿지 않는 사람은 정죄를 받으리라 믿는 자들에게는 이런 표적이 따르리니 곧 그들이 내 이름으로 귀신을 쫓아내며 새 방언을 말하며

마가복음 말씀은 복음을 전하라는 마지막 명령을 말씀하시고 믿는 자에 일어날 일들에 대하여 언급되어 있다. 믿는 자들에게 예수님 이름으로 귀신을 쫓아내는 일이 일어난다는 것이다. 이 것은 축

사를 믿는 누구나 할 수 있다는 희망의 메시지다.

그렇다면 복음 전파에 축사 능력과 치유 능력이 왜 필요할까?

치유는 사람들에게 현실적인 유익을 주는 것이다. 의료 체계가 제대로 갖추어져 있지 않던 그 당시 가장 필요한 것 중에 하나가 치유일 것이다. 아픈 사람은 많은데 의원은 없다. 설령 의원이 있다 할지라도 지금처럼 많은 병들을 고치지 못할 가능성이 크다. 또한 치료 비용이 너무 커 많은 사람들에게는 언감생심일 수도 있다. 그래서 무료 치유는 많은 사람들의 관심을 끌 수 있었고 살아 계신 하나님의 복음을 전파할 수 있는 좋은 무기가 될 것이다.

그래서 하나님 나라의 확장을 위하여 예수님이 사용한 것은 치유라는 것이었다. 치유는 사람들에게는 절대 필요이고 예수님에게는 사랑의 표현이다. 반면에 사탄이 사용하는 방법은 세상의 영광이다. (마4:8-9) 마귀가 또 그를 데리고 지극히 높은 산으로 가서 천하만국과 그 영광을 보여 이르되 만일 내게 엎드려 경배하면 이 모든 것을 네게 주리라

사탄이 예수에게 그의 왕국을 전파하기 위하여 마지막으로 사용한 수단이 세상과 그 영광이다. 천하만국과 그 영광으로 예수의 관심을 끌려고 하였다. 예수님은 하나님과의 관계가 더 중요하였다. 세상의 어떤 유혹도 하나님만이 경배해야 한다는 생각에는 변함이 없었다. 결국 사탄은 세상의 영광으로 예수에게 그의 나라를 전도하지 못하였다. 반면 예수님은 사랑으로 사람들을 전도하여 그 결과가 2000년이 지난 우리에게까지 이어진 것이다.

그렇다면 복음 전파에 축사 능력은 왜 필요한가?

복음 전파는 하나님 나라와 사탄 왕국과의 충돌이다. 한마디로 두 나라의 치열한 전쟁이다. 하나님 나라의 전도자들은 사탄이 통치하는 나라를 정복해야 한다. 반면 사탄도 그의 나라를 확장하려 한다. 그래서 충돌을 피할 수 없다. 문제는 하나님 나라의 전도자들은 사람이다. 사탄 나라의 지킴이들은 영적 존재들이다. 마치 대학생과 초등학생이 권투 하는 것과 마찬가지이다. 그래서 예수님이 초등학생인 그 제자들에게 무기를 쥐어 주었는데 그것이 귀신을 제어할 수 있는 능력이다.

그러므로 그 전쟁에서 예수님의 제자들이 우위를 차지할 수 있었다. 치유를 통하여 사람들의 마음을 얻었고 축사를 통하여 영적인 존재를 물리칠 수 있었다. 따라서 복음 전파에 뜻이 있는 모든 사람은 치유와 축사라는 무기를 갖추어야 한다. 치유가 사람들의 관심을 끄는데 유용한 것이고 현대에는 물질이나 다른 것으로 관심을 끌 수 있는 대체 가능 능력이라면 축사는 오히려 대체 불가 능력에 해당된다. 왜냐하면 다른 것으로는 영적 존재인 사탄이 지배하고 있는 나라와의 전쟁에서 이길 방법이 없기 때문이다. 그래서 축사 능력을 구비하는 것은 복음 전파에 필수가 된다. 이러한 능력 없이 복음주의 교회에서 선교사를 마구 파송하는 것은 정말 용감하다는 생각만 든다.

그렇다면 우리에게 희망이 생긴다. 우리도 예수님의 제자들과 같은 목표를 가지면 된다. 즉 복음 전파를 목적으로 하면 된다. 축사를 단순히 영적 고통을 겪고 있는 사람들을 도와주는 도구로만 보지 말고 큰 틀에서 복음 전파의 무기로 보면 된다.

자, 그럼 이 장을 시작하면서 한 질문 '축사는 누구나 할 수 있는

축사, 과학자 따라하기

가?'에 답을 해 보자. 우리가 찾은 답은 모든 사람에게 그렇다가 아니고 복음 전도하고자 하는 자에게는 필수로 갖추어야 하는 능력이라고 답하는 것이 적절하다. 따라서 축사를 대하는 우리의 생각이 바뀌어야 할 것이다.

11.

아담의 후손 vs 여자의 후손

앞 장에서 축사는 하나님 나라 전파를 위하여 예수님이 특별히 주신 능력 또는 권세라고 했다. 반면 4장에서는 뱀의 후손과 여자의 후손 간의 피 튀기는 결투가 있을 것이며, 이것은 결국 운명을 건 대결로 '축사'라는 전쟁은 불가피하다고 하였다. 여자의 후손인 예수님이 공생애 사역 전에 사탄의 회유 작업을 물리치셨고 공생애 사역에서는 귀신들을 몰아내는 것을 많이 보여 주셨다. 따라서 뱀의 후손 즉 귀신들과 여자의 후손인 예수님과의 전쟁의 결과는 이미 나온 것이나 다름없다.

문제는 예수님이 여자의 후손 역할을 우리에게 부여하시고 승천하셨다는 것이다. 예수님은 부활하신 후 40일 정도 제자들과 함께 하신 후 승천하시면서 제자들에게 그 유명한 지상대명령을 내리신다.

(마28:18-20) 예수께서 나아와 말씀하여 이르시되 하늘과 땅의 모든 권세(all authority)를 내게 주셨으니 그러므로 너희는 가서 모든 민족을 제자로 삼아 아버지와 아들과 성령의 이름으로 세례를 베풀고 내가 너희에게 분부한 모든 것을 가르쳐 지키게 하라 볼지어다 내가 세상 끝날까지 너희와 항상 함께 있으리라 하시니라

그렇다면 여자의 후손이 우리에게 부여한 위임 중에 축사가 반드시 들어 있을 것이다. 그런데 이 명령에서 축사라는 단어는 없다. 그렇다면 축사는 어디에 숨어 있을까? 아니면 축사는 어디에서 이루어질까?

이 대목에서 눈에 들어오는 단어는 18절의 '권세'이다. 이 권세는 능력과 더불어 상대방을 제어할 수 있는 권리라고 보면 된다. 예수님께서 제자들에게 하늘과 땅에 있는 모든 것을 제어할 수 있는 능력과 권리가 주어졌다는 이야기이다. 따라서 거기에는 귀신들도 제압할 능력과 권리가 당연히 포함된다. 사실 예수님에게 이미 귀신들을 제압하고 축사를 하는 능력과 권리가 있다는 것은 공생애 사역 중에 여러 번 보여준 바가 있다. 따라서 이 권세가 귀신을 제어할 능력과 권리를 가지고 있을 뿐만 아니라 그 이상이라고 보아야 할 것이다. 또한, 이 지상 대명령은 제자들로 하여금 창세기 3장 15절의 뱀의 후손 즉 사탄을 제압하라는 선언이기도 하였다.

이 지상대명령을 다시 한번 살펴보면 18절에는 예수님에게 모든 권세가 주어졌다고 했다. 곧이어 19절에는 모든 민족을 제자 삼으라 했다. 현재 지상에 있는 모든 민족은 결국 사탄의 손 아래 있다고 하는 것이 맞다. 그렇다면 모든 민족을 사탄의 손 아래에서 찾아와야 하는데 사탄들이 자기 것이라 주장하는 것을 호락호락 내어 줄리

만무하다. 때문에 여기에서 축사 즉 여자의 후손인 우리들과 사탄의 자손들과의 전쟁은 불가피하다.

무기 없이 전쟁에 군사를 보내는데 왕이 있을까? 예수님도 당연히 무기를 주셨다. 그 무기가 귀신들을 제어할 권세이다. 예수님이 공생애 사역 중 열두 제자들을 복음을 전하러 보냈을 때도 귀신을 제어할 능력과 권위를 주시지 않았는가?

(눅9:1) 예수께서 열두 제자를 불러 모으사 모든 귀신을 제어하며 병을 고치는 능력과 권위를 주시고

그렇다면 예수님이 제자들을 이 지구상에 남겨두시며 떠나셨을 때 빈손으로 남겨 두시지는 않았을 것이다. 이 권세는 과연 언제 제자들에게 주셨을까?

이미 주셨을까?
이 질문은 예수님이 부활하시고 제자들을 만나는 장면에서 답을 찾을 수 있다.

(요20:21-23) 예수께서 또 이르시되 너희에게 평강이 있을지어다 아버지께서 나를 보내신 것 같이 나도 너희를 보내노라이 말씀을 하시고 그들을 향하사 숨을 내쉬며 이르시되 "성령을 받으라" 너희가 누구의 죄든지 사하면 사하여질 것이요 누구의 죄든지 그대로 두면 그대로 있으리라 하시니라

여기서 우리는 예수님이 제자들을 만나면서 숨을 내쉬며 "성령을 받으라"라고 하신 것에 초점을 맞춰 보자. 제자들은 예수님이 주신

축사, 과학자 따라하기

이 '성령'으로 그 순간 무엇인가 장착이 되었을 것이고 그 무엇인가로 인해 제자들은 달라졌을 것이다. 하지만 성경에서 그 이후 제자들의 큰 변화는 찾아볼 수가 없다. 그렇다면 예수님이 제자들에 숨으로 내쉬며 "받으라" 라고 한 성령은 무엇일까?

이 장면은 하나님이 아담을 창조할 때를 상상하게 한다. 여호와 하나님이 흙으로 모형을 만드시고 그 코에 호흡을 불어넣으셨다. 그랬더니 흙덩이는 갑자기 살아 움직이는 사람이 되었다. 생명이 없는 자를 산 자로 만든 것이다. 마찬가지로 예수님도 제자들에 숨을 내쉬며 '성령을 받으라' 하셨다. 아담과는 달리 제자들은 그 육신이 이미 살아 움직이고 있었기에 다른 외적인 변화가 없듯이 잠잠했다. 다만 내적으로 예수님에 대한 믿음만 강화되었을 것이다. 하지만 외적으로는 고요한 호수와 같았다.

이것은 개인 구원에서 일어나는 일과 비슷하다. 그래서 나는 이것을 '인치심의 성령님'이라 칭하고 싶다. 사람이 죽은 후 그 사람의 소속을 말해 주는 법적인 장부 (생명책)에 국적이 하나님 나라라는 것을 '직인'으로 찍혀 있어야 하는데 그 직인이 바로 '인치심의 성령님'이라는 것이다. 그래서 나는 이 성령님을 '인치심의 성령님'이라 하고 '품질을 보장하는 직인' 또는 '계약을 완성하는 도장'이라 읽는다.

우리가 예수님을 영접할 때 우리 내면에서 무엇인가 달라진다. 그리고 달라져야 하는 것이 당연하다. 왜냐하면 예수님을 마음으로 믿고 입으로 시인하는 것이 구원이라 했기 때문이다 (롬10:10) 그런데 우리가 많은 전도 경험에서 보았듯이 초신자가 이 예수 영접기도를 했다고 눈에 띄게 달라지는 것은 별로 없다. 적어도 영접 기후도 눈물 콧물 흘리며 '주님이 나의 산 소망'이라고, '주님이 나의 새로운 주인이 되셨다'고 선언하는 것을 기대한다. 그렇지만 이런 것은 거의 없고 많은 경우에 '이게 다야?'라며 멋 적어 하는 경우가 많다.

그렇다면 이 '인치심의 성령님'을 받으면 귀신을 제어할 권세를 받는가? 예수님이 "성령을 받으라"라고 말씀하신 후 주신 권세가 하나 있기는 하다. 그것은 죄를 사할 권리를 주셨다. 그런데 이 죄를 사할 권세는 귀신을 제어할 권세와는 거리가 있는 것 같다.

나는 '인치심의 성령님'을 받은 것은 개인 구원에는 중요하지만 예수님의 '지상대명령'을 수행하기에는 부족하다고 믿는다. 왜냐하면 예수님의 호흡 즉 '인치심의 성령님'을 받고 제자들은 반가움은 있었지만 아무런 행동적 변화는 없었다. 십자가에서 분명히 죽으셨고 무덤에 장사까지 마쳤는데 예수님이 살아서 제자들 눈앞에 서 계셨으니 반갑지 않은 제자가 어디 있겠는가? 결국 '인치심의 성령님'은 우리의 법적인 소속 변화는 가져올 것이다. 그러므로 이 '인시심의 성령님'은 우리가 생명 책에 수록되어 구원을 받는 것을 확증하는 것이다. 그러나 우리의 행동 변화까지는 아니다.

그러면 우리가 '인치심의 성령님'을 받은 상태에서 축사를 하면 어떻게 될까?
성경에는 재미있는 일화가 소개되어 있다. 물론 이들이 예수님을 영접했다는 기록은 없고 아마 영접하지 않았을 것으로 생각된다. 다만 예수님의 제자들을 본 자들이다. 그렇지만 이들이 우리가 이 시대에 하는 기도와 비슷한 형태로 행동했다.

(행19:11-16) 하나님이 바울의 손으로 놀라운 능력을 행하게 하시니 심지어 사람들이 바울의 몸에서 손수건이나 앞치마를 가져다가 병든 사람에게 얹으면 그 병이 떠나고 악귀도 나가더라 이에 돌아다니며 마술하는 어떤 유대인들이 시험삼아 악귀 들린 자들에게 주 예수의 이름을 불러 말하되 내가 바울이 전파하는 예수를 의지하여 너희에게 명하노라 하더라 유대의 한 제사장 스게와의 일곱 아들도 이 일을 행하더니 악귀가 대답하여 이르되 내가 예수도 알고 바울도 알거니와 너희는 누구냐 하며 악귀 들린 사람이 그들에게 뛰어올라 눌러 이기니 그들이 상하여 벗은 몸으로 그 집에서 도망하는지라

사도행전 19장에는 바울 사도가 많은 능력을 행사하며 전도를 하는 기록이 있다. 심지어 바울이 사용하던 손수건이나 앞치마를 가져다 병든 사람에게 얹으면 병도 낫고 축사도 되었다. 이것은 심지어 지금도 일어난다. 아내 에미꼬가 우간다에 전도 여행 갔을 때 병원에 방문하여 일일이 손 얹고 기도해 주다가 다음 행선지로 이동해야 할 시간이 되었다. 아직 기도 받지 못한 사람이 너무 많아 곤란한 상황이 되었다. 이 때 에미꼬가 사도행전의 바울 사도를 생각했다. 바울 사도에게 역사하시는 성령님과 지금 에미꼬에게 역사하시는 성령님은 똑 같지 않은가? 그래서 손수건은 없지만 전도용으로 가져간 성경 구절이 쓰어져 있는 명함을 기도 받지 못한 사람들에게 나누어 주고 아픈 곳에 얹으라고 했다. 그랬더니 명함을 얹은 사람 모두가 병이 낫는 기적이 일어났다. 현시대에도 바울 사도의 손수건으로 병이 낫고 축사가 되는 일이 동일하게 일어난 것이다.

아무튼 바울 사도의 손수건이나 앞치마를 병든 자에게 얹으니 병이 낫고 악귀가 떠나갔다. 그것을 본 마술사도 따라 했다. 또한 제

사장 스게와의 일곱 아들들이 똑같이 따라 했다. 귀신들린 사람에게 축사를 시도하였다. '바울이 전하는 예수의 이름으로 악귀는 떠날 것을 명하노라'라고 기도했을 것이다. 지금 우리가 하는 "예수님의 이름으로 명하노니 귀신 마귀는 떠나라"라는 기도와 거의 비슷하다. 그런데 이상한 일이 벌어졌다. 귀신이 들린 자가 일곱 아들들의 축사 기도에 반응을 하는데 그것이 가히 충격적이다.

귀신들린 사람 안에 들어 있던 귀신이 답하기를 "내가 예수도 알고 바울도 아는데 너는 누구냐"라는 질문을 하고 오히려 일곱 아들들에 뛰어올라 제압을 하여 일곱 아들들이 옷도 벗겨진 채 도망쳤다. 귀신들린 한 사람이 일곱 명을 상대로 싸웠는데 일곱 명이 탈탈 털린 것이다. 이 장면에서 수치를 당한 이들은 제사장 스게와의 일곱 아들이라고 명확하게 기술되어 있었다. 그 당시는 대개 제사장이 아들로 승계가 되는 시절이라 이 일곱 아들 중에는 제사장이 되려고 훈련 중인 사람도 있었을 것이다. 당시로는 이들 일곱 형제들로 말하면 종교계의 금수저들이다. 그 일곱 명 중 한 명이라도 영의 사역을 하는 자가 있었다면 이런 일은 안 일어났을 것이다. 그런데 내면에는 아무런 변화가 없는 상태에서 단순 입 서비스만 하면 오히려 귀신에게 당한다는 것을 보여 주는 사건이다. 우리도 내면이 안 변한 상태에서 입으로만 축사 기도를 하면 스게와의 일곱 아들과 같은 일을 당할 수 있으니 조심해야 할 것이다.

이들은 예수의 이름으로 사역을 하였는데 귀신은 떠나지 않고 오히려 도전을 했다. 그러면 이들이 축사에 실패한 이유가 뭘 까? 근본적으로 여자의 후손이 아니었기 때문이다. 왜냐하면 귀신들의 상대가 전혀 되지 않았다. 그렇다면 우리는 언제 귀신들의 머리를 칠 수 있는 여자의 후손이 될까? 그때가 바로 전도를 하며 귀신들을 쫓

142

축사, 과학자 따라하기

아 버리는 능력이 생기는 시점이다.

그럼 역사적으로 언제 이 능력이 생겼나?

가장 대표적인 제자인 베드로를 보면서 생각해 보자. 예수님이 잡히시기 전에 '너희들이 모두 나를 버릴 것'이라고 예언하셨다 (막 14:27.) 예수님에 대한 충정이 하늘을 찌르는 베드로는 모두가 버릴지라도 자신만큼은 죽어도 안 버린다고 하였다. 하지만 베드로가 닭이 울기 전에 3번이나 예수를 부인하는 처참한 경험을 하는 것을 우리 모두 익히 아는 사실이다.

뿐만 아니라 베드로는 야고보와 요한과 함께 예수님의 이너써클의 3대 수제자 중 한 명이라 할 수 있다. 목숨이 왔다 갔다 하니 예수님을 부인하는 것은 이해한다고 치자. 겟세마네에서 예수님이 졸지 말고 함께 기도하자는 말씀에도 예수님을 위하여 한시간을 깨어 있을 수가 없었다 (막14:37.) 예수님이 기도 사이 사이에 확인한 세 번 모두 졸고 있었다. 내가 베드로 형님보다 잘 할 수 있는 유일한 한가지 즉1시간 졸지 않고 기도하기가 있어 행복하다. 아무튼 베드로는 정말 졸지 않고 기도해 달라는 요청을 수행할 수 없었을까? 정말 의아할 뿐이다.

예수님이 부활 후 제자들에게 나타나셨다. 첫 번째는 제자들이 잡혀 죽게 될까 덜덜덜 떨고 있을 때 예수님이 나타나서 호흡으로 성령을 받으라 하는 장면이었다 (요20:19-23.) 그 후 8일 후에 도마가 예수님의 부활을 믿지 않아서 예수님이 한 번 더 찾아오신다 (요8:26.) 예수님이 두 번이나 나타나셨으면 나 같으면 무슨 대책을 세웠을 것이다. 예수님 전화번호도 좀 따 놓고 주님 부활 기념 대성회라도 열던가. 운동회도 열어 고무신 돌리며 동네 사람들에게 예수님이 부활하셨다고 알리던가. 어른 상대가 쑥스러우면 중고생들을 모아 놓고 주님 맞이 특별 문학의 밤이라도 열어야 하는 것 아닌가?

그런데 '인치심의 성령님'을 받은 베드로가 아무 행동도 안 하고 "나 물고기 잡으러 간다"라며 밤샘 물고기 잡이를 갔다 (요21:3.) 그야말로 이마에 땀 흘려야 하는 아담 되기를 선택한 것이다. 머리 쓰는 것은 골치 아프니 몸으로 때우겠다는 것이다. 행동 대장이 물고기 잡으러 간다니까 다른 여섯 제자들도 "나도 갈래" 하면서 따라나선다. 그런데 웬일인지 물고기 잡는 전문가들이 밤새 물고기 한 마리 잡기는 커녕 구경도 못 하는 참사가 벌어졌다. 한마디로 제자들이 아담의 후손이 된 것도 모자라 양식 공급도 못해 죽게 되는 흙이 된 것이다.

예수님이 '인치심의 성령님'을 주고 죄를 사할 권세를 주어도(요 20:22-23) 아담임을 선언하는 사람들에게는 아무 소용이 없는 상태까지 된 것이다. 심지어 땀 흘려 식량 정도는 공급 즉 최소한 육체의 필요만큼은 해결해 주어야 하는 아담의 후손은 되어야 하는데 그마저도 못 한 죽은 흙이 된 것이다.

아담의 후손의 중요성

이 곳에서 여자의 후손만 중히 여기니 아담의 후손은 아무것도 아니다라고 생각할 수 있어 그 중요성에 대해서 조금은 언급을 해야 할 것 같다. 그럼 성경에서 아담의 후손으로 대표될 수 있는 사람은 누구일까? 나는 당연히 예수의 어머니인 마리아의 남편 요셉을 꼽을 것이다. 아담의 후손의 첫 번째 역할은 육적인 생명이 보존되도록 여자의 후손에게 그 환경을 제공하는 것이다. 예수님이 사람의 몸으로 태어나기 위해서는 두 사람의 동의가 필요했다. 예수님이 여자의 후손이 되기 위하여 우선 여자 당사자의 동의가 필요했다. 가브리엘 천사가 마리아를 방문하여 잉태를 고하자 그 황당한 설명을 듣고도 "주의 여종이오니 말씀대로 내게 이루어지이다"하며 (눅 1:38) 마리아는 흔쾌히 동의를 했다. 보고 또 봐도 순종의 대명사로 너무 아름다운 마리아이다.

또 다른 관문이 있었다. 마리아의 약혼자였던 요셉이었다. 요셉이 자신과 상관없이 정혼녀 마리아가 임신한 것을 알게 되자 조용히 파혼하려 했기 때문이다. 당시 전통에 의하면 이런 경우 여자를 돌로 쳐 죽여야 하지만 요셉은 온화한 자라 파혼만 하고 조용히 끝내고자 했다. 여자의 후손의 보호막이 없어지려는 순간이었다. 그러자 꿈에 천사가 나타나 성령으로 잉태된 것이 파혼하지 말고 결혼하라는 말을 듣는다. 보수적인 당시 사회 풍속상 얼마나 황당한 상황인가? '무슨 개꿈이야?'라며 무시할 수도 있었는데 아담의 후손의 대표인 요셉은 군말없이 마리아를 데리고 와 첫 번째 위기를 넘어가는데 훌륭한 역할을 한다 (마1:24-25.)

그리고 바로 이어지는 헤롯 왕의 예수님 저격 사건으로 애굽으로 피해 있어야만 했다 (마2:13-14). 베들레헴에서 애굽까지 대략 120km 정도 되는 길을 산모와 갓난 아이를 데리고 갔으니 아담의 후손들이 걸어야 하는 고행길이라 할 수 있다. 다행히 헤롯 왕이 빨리 죽는 바람에 금방 돌아올 수 있었다.

그 후 아담의 자손인 요셉이 성경에 나온 곳은 예수가 12살되던 때 절기를 지키려 예루살렘을 방문하는 장면이다. 절기를 마치고 돌아 오던 예수의 부모는 예수가 함께 돌아오지 않고 있다는 것을 발견한다. 다시 예루살렘으로 돌아가 예수를 찾아 헤매다 성전에서 발견했다. 그 때 어머니 마리아가 "네 아버지와 내가 근심하여 너를 찾았노라"라는 말을 하는 것으로 보아 요셉이 거기에 동행했다 (눅 2:48). 그 후 마리아는 4복음서와 사도행전에 여러 곳에 나오지만 요셉은 더 이상 언급되는 곳이 없다. 외경에서는 요셉의 수명에 대한 이런 저런 이야기가 나오지만 정경에서는 요셉은 예수님의 나이 12-33세 사이에 죽은 것으로 추측된다. 왜냐하면 예수님이 십자가 상에서 제자 요한에게 모친 마리아를 모셔 줄 것을 부탁하고 그 후에 요한과 함께 사는 것으로 되어 있어 (요19:27) 마리아가 과부가 된 상태로 추측된다. 요셉이 살아 있었다면 그런 부탁을 안 했을 것이다. 설령 했다면 아버지 요셉도 함께 부탁했을 것이다.

예수님이 12살 이후에 요셉에 대한 기록이 없는 것은 의미가 있다. 예루살렘에서 잃었던 예수를 다시 찾았을 때 예수님은 "어찌하여 나를 찾으셨나이까 내가 내 아버지 집에 있어야 될 줄을 알지 못하셨나이까" 라는 답을 하신다 (눅2:49). 이것은 인간 예수가 하나님을 자기 아버지로 선언한 사건이다. 따라서 예수님이 영의 사람으로 여자의 후손임을 선언한 것이나 마찬가지이다. 따라서 아담의 후손인 요셉의 역할이 여기서 끝났음을 상징한다. 이로써 요셉은 아담의 후손으로 여자의 후손의 육적인 후원자로써 첫 번째 역할을 충실히 잘 했다고 할 수 있다.

아담의 후손으로서 요셉이 여자의 후손에게 제공한 두 번째 중요한 역할은 족보를 빌려준 것이다. 이스라엘 민족이 족보를 중요하게 여기는 데는 두 가지 큰 이유가 있다. 그 하나는 이스라엘 민족이 출애굽한 후 가나안 땅을 지파별로 가족대로 분배하고 서로 사고

팔지 말고 상속할 것을 명 받았다. 땅의 지배권과 상속으로 인해 조상과 자손에 대한 기록 즉 족보가 전통적으로 중요했다. 또 하나 중요한 것은 메시아 출생에 대한 예언이다. 이사야 9장 1절에 '이새의 줄기에서 한 싹이 나며'라는 예언이 있어 이새 즉 다윗의 아버지에게서 메시아가 나오는 것으로 예언되어 있다. 마태복음 1장의 요셉의 족보에 다윗, 이새, 아브라함이 함께 들어가 있어 당시 율법학자들의 예수님의 정통성 시비를 잠잠케 했다. 그 역할을 아담의 후손인 요셉이 한 것이다. 아담의 후손으로 요셉은 인간들의 조롱거리를 단번에 막아주는 보호막이 되었다.

요셉에서 보듯이 아담의 후손도 여자의 후손의 길에 꼭 필요한 사람임에는 틀림없지만 후원자 개념이다. 요셉의 도움 없이 예수님의 사역이 가능하지 않았으리라. 물론 육적인 관계로 중요하지만 우리는 여기서 머물면 안 된다. 예수님도 사역 중에 가족들이 예수를 만나고자 했을 때 "누구든지 하늘에 계신 내 아버지의 뜻대로 하는 자가 내 형제요 자매요 어머니이니라" (마12:50)라고 말씀하셔서 사람들의 시각을 땅의 부모에서 하늘에 계신 부모로 돌리셨다. 우리에게는 희망이자 기회이다.

다시 베드로 이야기로 돌아 가자. 그 아담의 후손으로 물고기 잡는 것에 주력하던 그 제자들이 여자의 후손이 변하는 대사건이 일어났다. 그것은 예수님이 '인치심의 성령님'을 제자들에게 불어넣은 지 50일째 되는 날에 일어났다. 예수님이 승천하면서 예루살렘에서 기다리라는 말을 들은 10일 후에 있어 났다. 바로 오순절에 성령님이 임하신 것이었다.

(행2:1-4) 오순절 날이 이미 이르매 그들이 다같이 한 곳에 모였

더니 홀연히 하늘로부터 급하고 강한 바람 같은 소리가 있어 그들이 앉은 온 집에 가득하며 마치 불의 혀처럼 갈라지는 것들이 그들에게 보여 각 사람 위에 하나씩 임하여 있더니 그들이 다 성령의 충만함을 받고 성령이 말하게 하심을 따라 다른 언어들로 말하기를 시작하니라

예수님이 승천하시면서 함께 모여 있으라 하여 함께 모여 기도하고 있을 때 갑자기 하늘에서 불이 내려와 성령이 임하였다. 나는 이때 제자들이 받은 성령을 '능력의 성령님'이라 부른다. 왜냐하면 성령이 임하자 마자 제자들에게 행동의 변화가 일어났기 때문이다. 그들이 방언을 했다.

자! 그럼 이 '능력의 성령님'은 물고기나 잡으러 가던 남자의 후손을 정말로 여자의 후손으로 변화시켰는가? 남자의 후손의 대장이었던 베드로를 보자.

(행2:38-41) 베드로가 이르되 너희가 회개하여 각각 예수 그리스도의 이름으로 세례를 받고 죄 사함을 받으라 그리하면 성령의 선물을 받으리니 이 약속은 너희와 너희 자녀와 모든 먼 데 사람 곧 주 우리 하나님이 얼마든지 부르시는 자들에게 하신 것이라 하고 또 여러 말로 확증하며 권하여 이르되 너희가 이 패역한 세대에서 구원을 받으라 하니 그 말을 받은 사람들은 세례를 받으매 이 날에 신도의 수가 삼천이나 더하더라

베드로가 영에 이끌려 일장 연설을 하니 사탄의 나라에 속해 있던 삼천명이 세례를 받고 하나님 나라로 등록하였다. 겉으로는 단순 세례이지만 이면에서는 얼마나 큰 전쟁이 일어 났겠는가? 그럼 우

축사, 과학자 따라하기

리의 관심사인 베드로가 귀신 쫓는 장면은 있는가?

(행5:15-16) 심지어 병든 사람을 메고 거리에 나가 침대와 요 위에 누이고 베드로가 지날 때에 혹 그의 그림자라도 누구에게 덮일까 바라고 예루살렘 부근의 수많은 사람들도 모여 병든 사람과 더러운 귀신에게 괴로움 받는 사람을 데리고 와서 다 나음을 얻으니라

베드로가 직접 축사하는 장면은 없는데 사도행전 5장에는 베드로가 지날 때 그림자라도 스치면 병과 축사가 일어나지 않을까 하는 희망을 가지고 병든 자를 거리에 누이는 장면이 있다. 이때 병든 사람과 귀신들린 사람이 모두 나았다고 기록되어 있다. 그러니 베드로는 물고기 잡는 아담의 후손에서 귀신의 머리를 부수는 여자의 후손이 된 것이다.

따라서 축사를 하고자 하는 사람은 단순히 예수님을 구주로 영접하여 '인치심의 성령님'을 받은 것으로는 부족하고 오순절에 내린 '능력의 성령님'을 받아야 한다고 생각한다. 따라서 병 고침의 능력이 초대 교회에서 끝났다고 믿는 사람들은 축사 기도를 안 하는 것이 좋다. 이들이 경험했다고 하는 소위 "성령님"은 축사를 할 능력이 없다. 내가 다음에 쓸 책에서 말하는 "자율의지 존중의 법칙"에 의하여 그들이 믿는 하나님만이 그들에게 작동할 수밖에 없다. 그들이 하나님의 능력을 초대 교회로 제한했기 때문에 하나님도 그들의 의사를 최대한 존중하여 그들이 살고 있는 현대에는 그들에게는 영의 사역을 안 하신다. 따라서 초대 교회에 모든 영의 사역이 끝났다고 생각하는 사람들은 축사를 하면 스게와의 일곱 아들들이 당한 일을 당할 수도 있으니 안 하는 것을 권한다.

이제 우리는 축사에 더 관심을 갖기 전에 답해야 한다.

당신은 아담의 후손이 되고 싶은가?

아니면 여자의 후손이 되고 싶은가?

축사, 과학자 따라하기

12.

축사는 은사일까 권세일까?

그 다음 질문은 축사는 '능력의 성령님'을 받은 사람 중에 특정인만 할 수 있는 은사일까?

즉 축사는 은사일까?

이에 대한 아브라함 정의 답은 "아니다"이다.

왜냐하면 이미 저희 ABM에는 축사를 하는 형제와 자매들이 많다. 만약 은사 받은 사람만 축사를 한다면 몇 명만 해야 하는데 그보다는 훨씬 많은 형제와 자매들이 축사를 하고 있다.

다른 근거는 바울 사도가 각종 은사를 나열한 고린도 전서 12장, 에베소서 4장, 그리고 로마서 12장에 축사에 대한 언급이 없다. 다만 마가복음 16장에는 이런 구절이 있다.

(마16:17-18) 믿는 자들에게는 이런 표적이 따르리니 곧 그들이

내 이름으로 귀신을 쫓아내며 새 방언을 말하며 뱀을 집어올리며 무슨 독을 마실지라도 해를 받지 아니하며 병든 사람에게 손을 얹은즉 나으리라 하시더라

현대 선거의 공천 제도로 설명하면 고린도 전서 12장, 에베소서 4장, 그리고 로마서 12장에 열거된 은사가 성령님의 원하심에 따라 일방적으로 주어진 것을 하향 공천에 비유할 수 있다. 반면 예수님이 직접 말씀하신 마가복음 16장에 '믿는 자들에게는'이란 표현은 현대의 선거에 비유하여 설명하면 상향 공천에 해당된다. 상향공천도 민의를 물어 한 명의 후보자를 올린다기보다 자가 추천이 더 가깝다고 할 수 있다. 자격 요건만 있으면 되는 데 그것이 '믿음'이다. 그래서 믿는 자들에게는 예수님 이름으로 귀신을 쫓아 내는 표적이 나타난다는 뜻이다.

그런데 지금까지는 교회 안에서 축사는 분명 몇몇 사람의 독점물이었던 것이 사실이다. 그러므로 축사가 성령님이 지정한 몇몇 사람의 특유의 은사로 인식되어져 있다. 그런데 예수님께서 직접 말씀하신 마가복음 16장에는 '믿는 자들'이라는 불특정 다수에게 표적으로 따르는 것이 축사라 하신다. 우리가 이제까지 미처 발견하지 못한 사실이 이 시대에 열리는 것이다.

특히 예수님이 열두명의 제자들에게 복음을 전하라며 동네로 보내시며 두 가지 능력을 주셨는데 그것이 귀신을 제어할 수 있는 권세와 병 고치는 능력이었다 (마10:1, 막6:7, 눅9:1.) 이 두 능력은 복음 전파에 꼭 필요하다고 필수라 예수님이 본을 보여 주셨는데 현대 믿는 자들이 이를 다 무시하고 있다. 그럼, 복음 전파에 정말로 축사 권세가 필요한가?

에미꼬의 경우를 보자. 에미꼬가 ABM 초창기에 카리브해 섬나라 트리니다드에 초청받아 전도 여행을 간 적이 있다. 아브라함은 돈 벌어야 하기 때문에 축사 전문이지만 집에서 기도만 하고 있었다. 당시 에미꼬는 병고치는 능력이 탁월해 영상으로 뇌경색으로 고생하는 어떤 청년을 고쳐 주었는데 그 청년이 사는 곳이 트리니다드였다. 병원에서 고치지 못하는 뇌경색이 단지 영상사역만으로 치유되자 그 청년이 자기 가족들의 병 고침을 직접 받고자 에미꼬를 초청하여 가게 된 것이다.

에미꼬는 그 청년이 당연히 신실한 크리스천인 줄 생각하고 갔는데 가보니 그는 아주 신실한 힌두교인이었다. 뿐 만 아니라 그 집안이 트리니다드의 손꼽는 갑부로 힌두교의 강력한 후원자였다. 집안에 하나의 방은 힌두교 기도방으로만 꾸며져 있었으며 온갖 힌두교 그림과 상징물로 가득 차 있었다. 아침마다 힌두교식 기도를 하는 소리가 집안을 진동하는 집으로 초청받아 간 것이다.

그 날 그 청년의 할머니 집에 사는 삼촌들이 아프다고 해서 할머니 집에 가게 되었다. 집이 으리으리하게 컸다. 아픈 삼촌들을 기도해 주다가 잠시 물을 마시게 되었다. 물을 마시면서 옆에 있던 그 집의 손녀 딸과 눈이 마주쳤다. 그런데 그녀가 갑자기 눈을 피하며 다른 방향으로 머리를 확 돌렸다. 저 여자한테 귀신이 있구나 하는 강력한 느낌이 들어 삼촌들을 위한 치유 기도는 잠시 멈추고 그녀에게 다가가서 "Jesus loves you!" 라고 했다. 그랬더니 그 손녀 딸이 갑자기 "악! 얘는 내 것이야!"라는 소리를 지르며 난리를 쳤다. 귀신이 발현된 것이다. 너무 크게 소리를 쳐서 잠시 당황했다.

마침 그 집에는 크리스천 선교사가 초청받아 왔다는 소식을 들고 먼 친척인 현지 목사님 두 분이 와 계셨다. 두 분의 목사님이 소리 쳐대는 딸을 바깥으로 내보내려 했는데 힘이 너무 세게 저항을 해 내보내지 못했다. 두 목사님은 하는 수 없이 평소 해 본 적이 없는 축사 기도를 강제로 하게 되었다. 두 분이 축사 기도를 하면 할수록 딸도 더 큰 소리로 난리를 쳤다. 그러다 보니 양쪽의 소리는 더 커지고 마치 동네 싸움이 벌어진 것 같았다. 셋이서 너무 큰 소리로 싸우다 시피하여 에미꼬는 끼어들 틈새가 보이지 않아 곁에서 조용히 구경만 하고 있었다. 두 목사님이 한 15분 정도 축사 기도를 열심히 했는데 축사는 되지 않았고 두 분 목사님의 목소리만 쉬게 되어서 멈추었다.

에미꼬도 축사는 딱히 좋아하지 않던 때라 어떻게 해야 할 지 난감했지만 명색이 치유하는 선교사로 초청을 받았는데 "내 전공은 축사가 아니어요"라고 말할 상황이 아니었다. 그녀에게 조용히 다가갔다. 그랬더니 그녀가 소리를 지르기를 "얘는 내 것이야, 저리가!"라고 더 난리를 쳤다. 귀신이 비상이 걸린 것이다. 그래서 에미꼬가 "아냐, 너 나가!"라고 그리 크지 않은 소리이지만 권위를 가지고 명했다. 그랬더니 갑자기 그 손녀가 푹 쓰러지며 바닥에 엎어지며 조용해졌다. 무슨 일이 일어났는지 영문을 몰라 내심 걱정은 했지만 그대로 내두었다.

시끄럽던 손녀가 조용한 가운데 삼촌들 치유 기도를 다시 해 주기 시작했다. 한 30분 정도 지난 후 그 손녀가 깨어 나더니 쉰 목소리로 "엄마, 배고파 밥 줘!"라고 말했다. 그녀 엄마가 울음을 터트렸다. 자기 딸이 밥은 안 먹고 매일 술, 커피와 담배만 피웠다는 것이다. 그런데 갑자기 배 고프다며 밥을 달라는 것이다. 그리고 자신에게 무슨 일이 일어났는지도, 왜 목이 아픈지 기억도 하지 못하였다. 이일

　　　　　　　　　　　　　축사, 과학자 따라하기

로 그 집안의 할머니를 포함하여 많은 사람들이 예수를 영접하고 침례를 받게 되었다.

그리고 나중에 이 손녀의 동생이 이야기하기를 에미꼬 선교사가 자기 집에 들어올 때 자기는 언니와 이야기하고 있었단다. 그런데 에미꼬 선교사가 자기 집으로 들어오는 순간 자기 언니 입에서 갑자기 검은 연기가 나왔다는 것이다. 웬 검은 연기가 입에서 나오지 이상했다는 것이다. 아! 언니가 귀신이 들려 있었다는 것의 표시라는 것을 알게 되었다고 말해 주었다. 그리고 귀신이 정말로 있다는 것을 알게 되었다는 말도 했다. 아무튼 에미꼬란 존재가 입장하자 약한 귀신들이 떠난 것이었고 센 귀신이 남아 난리를 친 것이었다.

이 사건은 에미꼬가 '아 믿는 사람에게는 이런 표적이 따르리니 내 이름으로 귀신을 내쫓으며…'라는 성경 말씀이 진실이구나 라고 믿음을 증가시켰다. 그리고 에미꼬의 존재 자체로 귀신이 쫓겨나간다는 사실이 기쁘고 귀신을 내쫓는 권세가 본인에게 있다는 사실로 자존감이 쭉 올라갔다. 복음 전도자에게는 귀신을 제어할 능력이 임하는 것을 알게 되었다.

그러면 친척 목사님 두 분이 목을 쉬어 가면서 축사 기도를 했는데 이 귀신은 계속 버티고 에미꼬는 "야, 너 나가!"라고 조용히 말 했는데 귀신이 나갔다면 은사 아닌가? 나는 여전히 은사는 아니고 다만 축사의 권세가 다를 뿐이라고 믿는다. 양자역학에서 설명했듯이 바라보는 것이 달라 현실화가 다른 것이고 그 권세가 달랐을 뿐이다. 에미꼬는 축사를 그리 좋아하지 않았지만 그래도 축사 기도 경험이 있었다. 반면 두 목사님은 축사 기도는 처음일 것이다. 목소리 커서 이기는 것은 한국 교통 사고 때나 가능하지 귀신들 세계에서는 통하지 않는다는 것을 모르니 축사 기도는 해 본 적이 없는 분들이다.

그러면 축사가 은사가 아니고 권세이라면 내가 말하는 권세란 무엇인가?
또 무엇이 이 권세의 크기를 결정하는가?

은사가 성령님이 특정인에게 특정 능력을 성령님 원하시는 대로 주는 것이라면 권세는 바라보며 추구하여 그 능력과 힘을 갖추는 것이다. 예전에 축사 기도하시는 분들이 은사에 더 가까웠더라면 ABM 식구들이 하는 축사는 권세라 할 수 있다. 왠만한 ABM 식구들은 다 축사 기도를 한다. 권세의 첫 번째 특성은 모든 믿는 사람에게 열려 있는 것이다.

권세의 두 번째 특성은 복음 전도와 관계된다는 것이다.

에미꼬와 내가 가지고 있는 축사 권세는 복음 전도에 대한 갈망이 커서 주님이 주신 권세이다. 에미꼬는 치유 능력을 받고 미쳐서 거리 전도를 매일 나갔다. 초기 1-2년은 우리가 사는 도시의 공원이나 식당 근처 길로 나가 치유해주면서 복음을 전했다. 그러다 보니 만나던 사람을 반복해서 또 만나게 되니 복음을 더 이상 전할 수 없었다. 그래서 3년 후부터는 해외로 나가기 시작했다. 에미꼬가 복음 전도를 위하여 다녀온 나라를 세어보니 세계 26개국이나 되었다. 그러다 보니 축사 능력이 필요했고 축사를 하게 되었다. 축사 능력이 왜 생겼는지 모르지만 에미꼬가 축사를 하게 되었다.

나중에 성경을 찾아보니 예수님이 귀신을 제어할 권세와 병을 고칠 능력을 주실 때가 제자들을 복음 전파를 위하여 동네에 보내기 직전이었다 (눅9:1.) 이 권세와 능력을 주신 후 복음 전파를 위해 동네로 떠나게 했다. 이것을 은사라고 한다면 결국 복음 전도는 축사와 병고침을 할 수 있는 소수의 사람만 해야 된다. 복음 전파는 모든 사람이 해야 할 사명 아닌가? 그러니 축사는 은사면 안 되고 소수 선택된 사람만 해야 한다는 관념에서도 벗어나야 한다. 따라서 축사는 은사라 하기 보다 권세가 더 맞다.

　그러면 에미꼬와 달리 아브라함 정은 전도도 안 하면서 어떻게 축사 권세가 생겼는지 묻고 싶은 사람이 있을 것이다. 나도 에미꼬처럼 눈에 띄게 전도를 하지 않아서 그렇지 전도에 대한 부담이 아주 큰 사람이다. 설교때마다 다음 세대의 전도와 교회 감소에 대한 우려를 말하지 않는가? 에미꼬가 직설적인 사람이라면 나는 우아하게 표현할 뿐이다. 에미꼬가 영상으로 찍어 광고를 잘 해 많은 사람들이 에미꼬는 전도 잘 하는 사람으로 알려져 있을 뿐이다. 나는 전도하면서 영상을 찍은 적이 거의 없다. 요즘 조금 노력 중이다.

　지금은 에미꼬에게도 있지만 ABM초기에는 에미꼬에게는 지식의 말씀 은사가 없었다. 미국에서 거리를 가다 앞에 걸어 가는 사람을 보고 내가 "저 사람 허리가 아프네"라고 하면 에미꼬가 쪼로록 달려가 "너, 허리가 아프지?"한다. 그러면 그 사람이 "어떻게 알았냐?"고 신기해하며 기도를 받고 치유가 되는 일이 허다 했다. 여기서 전도의 반은 내가 한 것이다.

　에미꼬가 세계 26개국의 전도 여행을 떠났을 때도 나는 집에서 돈을 열심히 벌어 에미꼬 비행기 표를 열심히 사주었다. 에미꼬가 현지 시간 낮에 전도나 미팅을 할 때 방문한 많은 나라가 시차가 거꾸로 되어 우리 집은 한 밤 중이었다. 그러니 나는 밤을 세워가며 기도해야 했다. 낮에는 직장에서 열심히 일하고 밤에는 에미꼬 현지 사역을 위하여 밤새 기도하니 에미꼬가 돌아올 때에는 에미꼬는 쌩쌩한 모습으로 공항에 도착하는데 나는 지친 모습으로 맞이하게 된다. 그러니 "에미꼬의 전도 여행의 반은 내 공로로 치시겠지요? 하나님?"라고 기도할 수 있다.

내 기도 중에 하나님이 환상으로 보여 주신 장면을 보면 나로 인하여 하나님에게 돌아오는 수가 어마어마하다. 에미꼬가 26개국 방문하며 전도한 수와는 비교가 안되게 많다. 나는 이 환상을 믿는다. 다만 그 많은 수가 어떤 방식으로 내가 살아 있는 동안 하나님께 돌아오는 것이 현실화될 것인지가 궁금할 뿐이다. 내가 120살까지 살아야 한다고 하는 이유 중에 하나가 이 사람들의 전도 때문이다. 그리고 서문에서 말했듯이 축사의 효과가 너무 드라마틱해서 나는 축사를 바라보게 되었다. 양자역학에서 보았듯이 바라보는 것이 현실화된다. 그러니 아브라함 정에게도 축사 권세가 생겨야 하는 것이다.

세번째 권세와 관련되는 것은 믿음과 기도이다.

(눅10:17) 칠십 인이 기뻐하며 돌아와 이르되 주여 주의 이름이면 귀신들도 우리에게 항복하더이다

예수님이 칠십 인의 제자들을 복음 전파하라고 보냈는데 이들이 돌아와 보고를 하는데 귀신들이 항복했다고 기뻐하였다. 축사를 경험한 것이었다. 이 들이 귀신들을 내쫓으면서 사용한 기도가 "예수님이 이름"이었다고 고백을 하였다. 현대에도 축사 기도에 가장 흔

하게 사용되는 문장이 "예수님의 이름으로 명하노니 …."이다.

(눅9:28-29) 집에 들어가시매 제자들이 조용히 묻자오되 우리는 어찌하여 능히 그 귀신을 쫓아내지 못하였나이까 이르시되 기도 외에 다른 것으로는 이런 종류가 나갈 수 없느니라 하시니라

(마17:19-20) 이 때에 제자들이 조용히 예수께 나아와 이르되 우리는 어찌하여 쫓아내지 못하였나이까 이르시되 너희 믿음이 작은 까닭이니라 진실로 너희에게 이르노니 만일 너희에게 믿음이 겨자씨 한 알 만큼만 있어도 이 산을 명하여 여기서 저기로 옮겨지라 하면 옮겨질 것이요 또 너희가 못할 것이 없으리라

반면 정반대의 경우가 다른 제자들에게 생겼다. 아들이 귀신들인 사람이 와서 예수 제자들에 귀신을 쫓아달라 부탁하였는데 제자들이 성공하지 못하였다. 그래서 제자들이 예수님께 왜 자신들은 귀신을 쫓지 못했는지를 물었다. 복음서에서 두가지로 답을 하고 있다.
믿음이 작다 (마9:29)
기도가 부족하다 (눅17:20)

귀신을 쫓아 내는데 믿음이 필요한가? 분명히 예수님이 복음 전파하러 나가는 제자들에게 귀신을 제어할 권세와 능력을 주었다. 그 권세와 능력은 회사 사원증처럼 제시하면 회사를 들어가는 문이 열리는 효과가 있는 것이 아니다는 것을 알 수 있다. 그 권세와 능력은 영적이라 보이지 않는 형태로 제자들에게 주었다. 양자역학에서 보이지 않는 것을 보이는 것으로 만드는 것이 관찰이다. 여기에서 예수님이 주신 그 권세와 능력을 눈에 보이는 형태로 붙들어 놓아

야 하는데 그것이 믿음이다. 믿음이라는 눈으로 바라보아야 보이지 않는 권세와 능력이 현실화되는 것이다.

기도는 무엇인가?
예수님에게 있는 권세와 능력은 열두명의 제자들에게 주어졌다. 또는 칠십인의 제자들에 주어졌다. 그러면 왜 누구에게는 잘 되었고 누구에게는 잘 되지 못하였는가?
믿음이 이 권세와 능력을 현실화시키는 요인으로 작용했느냐 아니냐가 결정한다는 것이다. 믿음이 있던 자들은 귀신을 제어했고 믿음이 부족한 제자들은 귀신을 쫓아내지 못하였다. 그러면 현실화시키지 못한 제자들에게 주어진 이 권세와 능력은 어디에 있을까?

그 힌트는 여기에 있다.
(마10:1, 12-13) 예수께서 그의 열두 제자를 부르사 더러운 귀신을 쫓아내며 모든 병과 모든 약한 것을 고치는 권능을 주시니라 또 그 집에 들어가면서 평안하기를 빌라 그 집이 이에 합당하면 너희 빈 평안이 거기 임할 것이요 만일 합당하지 아니하면 그 평안이 너희에게 돌아올 것이니라

예수님께서 열두제자들에 귀신을 제어할 권능을 주시고 그 밑에 전도의 지침을 주시는 것 중에 하나가 그 집에 들어 가면 평안을 빌라는 것이다. 그러면서 신기한 영적 원리를 하나 열어 주셨는데 그 집이 평안을 받을만하면 평안이 그 집에 임할 것이고 합당치 않으면 제자들에게 다시 돌아온다는 것이다. 한글 성경에는 합당하면 평안이 임할 것이요 합당치 않으면 너희에게 돌아온다고 번역이 되어 있는데 영어 성경을 직역하면 훨씬 공격적이다. 영어 성경에는 '합당하면 평화가 그 집에 머물게 하고 합당치 않으면 너에게 평화

를 돌아오게 하라'로 되어 있다. 평화를 주되 상태 여부에 따라 평화를 주든지 아니면 되돌려 가지고 올지를 제자들이 판단하여 결정하라는 막강한 권한을 부여한 것이다.

이 원리를 적용해 보면 지금 귀신을 제어할 권세는 예수님에게 되돌아 가 있다. 왜? 제자들이 귀신을 제어할 권세를 가지는 것이 합당치 못 함으로 예수님은 지금 현재 이 권세를 보유하고 계신다. 이것을 우리에게 다시 되돌릴 수 있는 방안으로 예수님은 '기도'라고 말씀하시는 것이다.

결론적으로 이제껏 축사가 은사로 알고 있었는데 사실은 축사는 복음 전하는 모든 사람들이 반드시 받아야 하는 무기이다. 예수님이 복음 전파를 보낸 제자들에게 주어진 두 개의 능력, 축사와 치유 중 하나이다. 그 권세를 주었어도 믿음이 있는 제자들은 귀신들을 제어했고 믿음이 부족한 자들은 귀신 제어를 실패하였다. 믿음이 축사의 중요한 요소이다. 현재 귀신을 제어할 권세는 예수님에게 있으며 우리가 다시 회복할 방법은 기도이다.

우리의 믿음과 기도에 의하여 축사 권세가 결정된다는 것이다. 그러므로 축사는 은사가 아니고 우리의 믿음과 기도로 결정되는 권세이다. 축사가 은사라고 다른 나라의 이야기로 남겨 둘 건가요? 아니면 믿음과 기도로 우리 것으로 취할 것인가요? 여러 분은 무슨 선택을 하실 것인가요?

13.

내 안에
예수님을

축사는 은사는 아니다. 다만 권세이다. 따라서 누구나 다 할 수는 있다. 문제는 축사가 성령님의 천사들과 귀신들의 싸움이다. 천사나 귀신은 그 능력이 다 다르다. 지금 나에게 와 있는 천사들의 능력이 작다면 우리는 작은 귀신들만 쫓아낼 수 없다.

앞 장에서 예수님이 제자들에게 귀신을 잘 제어할 수 있는 권세를 주셨다고 했다. 그러나 실패한 제자들은 믿음이 없음 때문이다. 다시 제대로 축사를 할 방법으로 예수님이 제시한 것은 기도였다. 특히 제자들에 주었던 귀신을 제어할 수 있는 권세가 제자들의 믿음 없음으로 예수님에게 되돌려져 있다. 이 권세를 기도로 되돌리는 방법도 좋은 방법이다. 그러나 여기서는 이 권세를 지속적으로 유지하여 축사를 할 수 있는 보다 근본적인 방법을 찾아보기로 하자.

축사, 과학자 따라하기

축사를 잘하기 위하여 근본적인 질문부터 시작하자.

성경에서 축사를 가장 잘한 사람은 누구일까?

당연히 예수님!

그럼 우리가 축사에 사용할 수 있는 예수님의 것은?

그분의 이름과 피이다.

예수님의 이름

(막16:17) 믿는 자들에게는 이런 표적이 따르리니 곧 그들이 내 이름으로 귀신을 쫓아내며 새 방언을 말하며

예수님의 피

(계12:10-11) 내가 또 들으니 하늘에 큰 음성이 있어 이르되 이제 우리 하나님의 구원과 능력과 나라와 또 그의 그리스도의 권세가 나타났으니 우리 형제들을 참소하던 자 곧 우리 하나님 앞에서 밤낮 참소하던 자가 쫓겨났고 또 우리 형제들이 어린 양의 피와 자기들이 증언하는 말씀으로써 그를 이겼으니 그들은 죽기까지 자기들의 생명을 아끼지 아니하였도다

우리는 예수님의 이름으로는 많은 기도를 해 왔다. 문제는 실패한 경험 즉 응답되지 않은 기도가 너무 많다는 것이다. 그 이유는 예수님의 이름 안에 그분의 인격과 권세가 있음을 쉽게 잊어버리고 단순히 주문으로 했기 때문이다. 그 많은 이루어지지 않은 기도로 인하여 우리는 예수님의 이름으로 기도해도 응답이 없다는 불신이 은연중에 있다. 따라서 예수님 이름으로 기도해서 귀신들을 내쫓아야 하는 축사는 더 믿음이 안 간다. 앞서 예수님은 축사가 안 된 이유로 믿음이 적음이라고 답하셨다. 이 믿음이 적은 것이다. 그러니 축사가 제대로 되는 사람이 적다.

예수님의 피로 사탄을 내쫓는 것은 전쟁에서 자기 생명까지 아끼지 않은 형제들이었다 (계12:11). 우리도 생명까지 바칠 정도의 믿음이라면 사실 귀신이 있든 없든 별 문제가 안된다. 문제는 우리의 믿음이 자기 생명을 바칠 이들에 미치지 못하는 것이다.

현재에도 예수님의 이름과 보혈로 축사를 하는 방법이 가장 보편적이라 할 수 있다. 이 방법으로 하시는 계시는 분들은 지금처럼 계속 하시면 된다. 문제는 안 되시는 분들은 어떻게 해야 하나? 예수님의 이름과 보혈로 축사를 하는 것 이외 다른 방법은 없을까?

하나님이 나의 기도 중에 주시는 감동은
"예수님의 모든 것을 우리 안에 녹여 오는 것이다. 거기에는 예수님이 2천년 전에 제자들에게 주었다가 다시 회수된 귀신을 내쫓던 그 권세도 포함되어 있다. 그러면 그 권세까지 포함한 예수님의 모든 것을 우리 안으로 녹여 온다면 최고의 축사가 자동으로 될 것이다"였다.

그럼 예수님의 모든 것은 무엇일까?

(요1:1) 태초에 말씀이 계시니라 이 말씀이 하나님과 함께 계셨으니 이 말씀은 곧 하나님이시니라

말씀이다.
예수님의 태초의 이름이 말씀이다.

(요6:63) 살리는 것은 영이니 육은 무익하니라 내가 너희에게 이른 말은 영이요 생명이라

축사, 과학자 따라하기

심지어 예수님이 하시는 말씀이 영이요 생명이다.

귀신을 실제로 쫓아낼 수단은 영이다.

그래서 이 둘을 합쳐서 내가 고안해 나온 답이 '예수님의 말씀을 영으로 바꾸는 작업'이 필요하다. 그리고 한 가지 더 필요한 것이 '나와 합하는 것'이다. 즉 나와 하나가 되는 것이다. 이 작업이 제대로 되면 축사는 저절로 될 것이다.

(고전6:17) 주와 합하는 자는 한 영이니라

자 그럼 답은 나왔다.

예수님의 말씀을 내 안에서 영으로 만들어 나의 영과 하나로 만들어 예수님과 완전히 하나되는 것이다. 당연히 예수님 안에는 귀신을 제어할 능력과 권세가 있다. 예수님의 모든 것을 우리 안으로 녹여 옴으로 언제나 축사가 가능하도록 하는 것이다. 그러므로 축사는 우리 존재만으로 되도록 하는 것이다. 에미꼬가 트리니다드의 그 집으로 들어 가는 순간 그 집 딸 안에 있던 귀신들이 검은 연기 형태로 나가 버린 것처럼 우리의 존재로 축사가 되는 것이다. 내가 레딩의 벧엘 교회 집회 장소로 들어갈 때 입구에서 나를 본 형제 안에 있던 악한 영이 쫓겨났듯이 우리의 존재만으로 축사가 되도록 해야 할 것이다.

먼저 이 작업을 하기 전에 기본적으로 먼저 되어야 하는 것이 다음의 세 가지 있다.

이 작업은 우리 혼이 아닌 영에서 이루어져야 한다. 따라서 혼을 잠잠히 해야 한다.

위에 예수님이 말씀이고 그 말씀이 영이라는 것에 대한 기본 믿음이 필요하다.

나와 합하면 예수님과 나는 한 영이라는 것을 경험할 필요가 있다.

자! 그럼 실제로 말씀이신 예수님을 영으로 우리 안에 장착하는 훈련을 해 보자!

〈실전 훈련〉

아무에게도 간섭 받지 않는 조용한 장소에 편한 자세로 앉는다.

눈을 감고 혼을 잠잠히 한다. 필요하면 호흡을 해도 좋다.

죄를 회개하는 시간을 갖는다.

내 혼은 머리에 있고 내 영은 가슴에 주먹 두 개 크기의 풍선 안에 있다고 상상하라.

영이 처음에는 가슴에 있다고 상상하다 점점 내려가 배에 있다고 상상하라.

나중에 영 안으로 완전히 들어가면 이런 구분은 의미 없으나 처음 하시는 분들은 이런 구분이 도움이 된다.

말씀을 읽는다. 특히 굵은 글씨에 주목하라. 계속 반복하여 말씀을 읽는다. 음식이 입에서 잘게 쪼개져 넘기듯이 영에서 잘 받아들일 수 있게 반복하여 읽고 또 읽는다.

(요1:1) 태초에 말씀이 계시니라 이 말씀이 하나님과 함께 계셨으니 이 말씀은 곧 하나님 [예수님]이시니라

(요6:63b) … 내[예수님]가 너희에게 이른 말은 영이요 생명이라

(고전6:17) 주[예수님]와 합하는 자는 한 영이니라

처음에는 머리로 들어온 말씀을 더 이상 머리에서 관리하지 말고 가슴에 있는 영으로 쏜다는 느낌으로 보낸다. 풍선에 담겼다고 느

축사, 과학자 따라하기

꺼질 때까지 계속 반복한다.

풍선에 담긴 말씀이 분해되어 영으로 바뀐다고 상상한다.

영으로 바뀐 말씀이 나의 영과 합쳐져서 내 영인지 예수님 영인지 분간이 안 될 때까지 반복한다.

이 말씀이 영으로 변해 내 영과 하나가 되어 내 영의 능력이 증가한다고 상상한다.

이 기본이 확실히 되지 않으면 다음 단계로 넘어가는 것이 의미가 없기 때문에 예수님이 말씀 자체이고 또한 예수님의 말씀은 영이며 나와 한 영이 될 수 있다는 것이 확실한 사람만 다음 장으로 넘어간다. 긴가민가한 사람은 될 때까지 위의 훈련 과정을 반복, 반복, 반복한다.

14.

말씀을 능력의 영으로 전환하기!

계속 강조하는 것이 예수님과 그 영으로 하나되는 것이다. 두 가지 방법이 있는데 첫 번째는 보좌에 계신 예수님과 얽힘이 되고 그분이 갖고 있는 권세를 내 것처럼 갖고 와 사용하는 것이다. 이것이 기도와 상상으로 우리의 역량을 키우는 방법이다.

이 장에서 예수님과 그 영으로 하나되고자 하는 두번째 방법으로 말씀을 영으로 변화시켜 우리의 영과 합치를 시킴으로 능력이 나오도록 하는 것이다.

앞 장에서 예수님이 말씀이고 그 분의 말씀이 영이며 나와 합해져 하나가 될 수 있다는 연습을 하였다. 이 경험이 충분히 되지 않은 사람들은 앞 장으로 되돌아 가서 다시 연습을 하라. 그리고 앞 장이 충분히 된 사람들만 이 장을 시작하라. 앞 장의 경험이 안 된 사람은

축사, 과학자 따라하기

이 장이 별 의미가 없으니 앞장을 확실히 마스터하고 오기 바란다.

  그럼 지금부터 축사와 관련되는 10개의 말씀을 잘게 씹어 먹듯이 영으로 만들어 나의 영과 합치할 것이다. 그 말씀 안에 담긴 예수님의 영으로 장착한 후 그 강화된 영으로 다음 장에서 자가 축사를 하는 연습을 할 것이다. 그러기 위해서는 먼저 이 장에서 충분히 연습이 되어야 하니 착실히 이 과제를 수행하기 바란다!

  이 장에서 하는 연습은 다음 장에서 하는 축사 뿐만 아니라 우리의 믿음 생활의 다른 영역에서도 좋은 영양분으로 작용할 것이니 충실히 수행하시기 바란다. 방법은 똑 같이 하되 말씀과 그에 따른 목적만 달리 할 것이니 조용히 기도할 시간에 연습하라.

말씀 1:

(히4:12) 하나님의 말씀은 살아 있고 활력이 있어 좌우에 날선 어떤 검보다도 예리하여 혼과 영과 및 관절과 골수를 찔러 쪼개기까지 하며 또 마음의 생각과 뜻을 판단하나니

목적:

예수님의 모든 말씀이 역동적으로 작용하여 나의 온 몸 전체가 다 분별이 됨

방법:

아무에게도 간섭 받지 않는 조용한 장소에 편한 자세로 앉는다.

눈을 감고 혼을 잠잠히 한다. 필요하면 호흡을 해도 좋다.

죄를 회개하는 시간을 갖는다.

내 혼은 머리에 있고 내 영은 가슴에 주먹 두 개 크기의 풍선 안에 있다고 상상하라.

영이 처음에는 가슴에 있다고 상상하다 점점 내려가 배에 있다고 상상하라.

계속 반복하여 말씀을 읽는다. 말씀이 예수님이라 생각하라. 음식이 입에서 잘게 쪼개져 넘기듯이 영에서 잘 받아들일 수 있게 반복하여 말씀을 쪼개서 읽고 또 읽는다.

(히4:12) 하나님의 말씀은 살아 있고 활력이 있어 좌우에 날선 어떤 검보다도 예리하여 혼과 영과 및 관절과 골수를 찔러 쪼개기까지 하며 또 마음의 생각과 뜻을 판단하나니

처음에는 머리로 들어온 말씀을 더 이상 머리에서 관리하지 말고 가슴에 있는 영으로 쏜다는 느낌으로 보낸다. 풍선에 담겼다고 느껴질 때까지 계속 반복한다.

풍선에 담긴 말씀이 분해되어 영으로 바뀐다고 상상한다.

축사, 과학자 따라하기

영으로 바뀐 말씀이 나의 영과 합쳐져서 내 영인지 예수님 영인지 분간이 안 될 때까지 반복한다.

이 말씀이 영으로 변해 내 영과 하나가 되어 내 영의 능력이 증가한다고 상상한다.

말씀 2:

(마28:18) 예수께서 나아와 말씀하여 이르시되 하늘과 땅의 모든 권세를 내게 주셨으니

목적:
예수님에게 주어진 모든 권세를 공유하는 영 되기

방법:
아무에게도 간섭 받지 않는 조용한 장소에 편한 자세로 앉는다.
눈을 감고 혼을 잠잠히 한다. 필요하면 호흡을 해도 좋다.
특히 이 말씀에는 죄를 회개하는 시간을 갖는다.
내 혼은 머리에 있고 내 영은 가슴에 주먹 두 개 크기의 풍선 안에 있다고 상상하라.
영이 처음에는 가슴에 있다고 상상하다 점점 내려가 배에 있다고 상상하라.
계속 반복하여 말씀을 읽는다. 말씀이 예수님이라 생각하라. 음식이 입에서 잘게 쪼개져 넘기듯이 영에서 잘 받아들일 수 있게 반복하여 말씀을 쪼개서 읽고 또 읽는다.

(마28:18) 예수께서 나아와 말씀하여 이르시되 하늘과 땅의 모든 권세를 내게 주셨으니

처음에는 머리로 들어온 말씀을 더 이상 머리에서 관리하지 말고 가슴에 있는 영으로 쏜다는 느낌으로 보낸다. 풍선에 담겼다고 느껴질 때까지 계속 반복한다.
풍선에 담긴 말씀이 분해되어 영으로 바뀐다고 상상한다.

축사, 과학자 따라하기

영으로 바뀐 말씀이 나의 영과 합쳐져서 내 영인지 예수님 영인지 분간이 안 될 때까지 반복한다.

이 말씀이 영으로 변해 내 영과 하나가 되어 내 영의 능력이 증가한다고 상상한다.

말씀 3:

(엡6:11) 마귀의 간계를 능히 대적하기 위하여 하나님의 전신 갑주를 입으라

목적:

온 몸과 마음이 보호를 받아 마귀의 침입을 막을 수 있는 장비를 갖추기

방법:

아무에게도 간섭 받지 않는 조용한 장소에 편한 자세로 앉는다.

눈을 감고 혼을 잠잠히 한다. 필요하면 호흡을 해도 좋다.

죄를 회개하는 시간을 갖는다.

내 혼은 머리에 있고 내 영은 가슴에 주먹 두 개 크기의 풍선 안에 있다고 상상하라.

영이 처음에는 가슴에 있다고 상상하다 점점 내려가 배에 있다고 상상하라.

계속 반복하여 말씀을 읽는다. 말씀이 예수님이라 생각하라. 음식이 입에서 잘게 쪼개져 넘기듯이 영에서 잘 받아들일 수 있게 반복하여 말씀을 쪼개서 읽고 또 읽는다.

(엡6:11) 마귀의 간계를 능히 대적하기 위하여 하나님의 전신 갑주를 입으라

처음에는 머리로 들어온 말씀을 더 이상 머리에서 관리하지 말고 가슴에 있는 영으로 쏜다는 느낌으로 보낸다. 풍선에 담겼다고 느껴질 때까지 계속 반복한다.

풍선에 담긴 말씀이 분해되어 영으로 바뀐다고 상상한다.

축사, 과학자 따라하기

영으로 바뀐 말씀이 나의 영과 합쳐져서 내 영인지 예수님 영인지 분간이 안 될 때까지 반복한다.

이 말씀이 영으로 변해 내 영과 하나가 되어 내 영의 능력이 증가한다고 상상한다.

말씀 4:

(롬16:20) 평강의 하나님께서 속히 사탄을 너희 발 아래에서 상하게 하시리라. 우리 주 예수의 은혜가 너희에게 있을지어다

목적:
사탄이 나의 말 아래에서 다스림을 받는 상태로 만들기

방법:
아무에게도 간섭 받지 않는 조용한 장소에 편한 자세로 앉는다.
눈을 감고 혼을 잠잠히 한다. 필요하면 호흡을 해도 좋다.
죄를 회개하는 시간을 갖는다.
내 혼은 머리에 있고 내 영은 가슴에 주먹 두 개 크기의 풍선 안에 있다고 상상하라.
영이 처음에는 가슴에 있다고 상상하다 점점 내려가 배에 있다고 상상하라.
계속 반복하여 말씀을 읽는다. 말씀이 예수님이라 생각하라. 음식이 입에서 잘게 쪼개져 넘기듯이 영에서 잘 받아들일 수 있게 반복하여 말씀을 쪼개서 읽고 또 읽는다.
(롬16:20) 평강의 하나님께서 속히 사탄을 너희 발 아래에서 상하게 하시리라.
우리 주 예수의 은혜가 너희에게 있을지어다
처음에는 머리로 들어온 말씀을 더 이상 머리에서 관리하지 말고 가슴에 있는 영으로 쏜다는 느낌으로 보낸다. 풍선에 담겼다고 느껴질 때까지 계속 반복한다.
풍선에 담긴 말씀이 분해되어 영으로 바뀐다고 상상한다.
영으로 바뀐 말씀이 나의 영과 합쳐져서 내 영인지 예수님 영인지

축사, 과학자 따라하기

분간이 안 될 때까지 반복한다.

이 말씀이 영으로 변해 내 영과 하나가 되어 내 영의 능력이 차곡차곡 쌓인다고 상상한다.

말씀 5:

(계12:11) 또 우리 형제들이 어린 양의 피와 자기들이 증언하는 말씀으로써 그를 이겼으니 그들은 죽기까지 자기들의 생명을 아끼지 아니하였도다

목적:

예수의 피로 사탄을 이길 수 있는 상태 만들기

방법:

아무에게도 간섭 받지 않는 조용한 장소에 편한 자세로 앉는다.

눈을 감고 혼을 잠잠히 한다. 필요하면 호흡을 해도 좋다.

죄를 회개하는 시간을 갖는다.

내 혼은 머리에 있고 내 영은 가슴에 주먹 두 개 크기의 풍선 안에 있다고 상상하라.

영이 처음에는 가슴에 있다고 상상하다 점점 내려가 배에 있다고 상상하라.

계속 반복하여 말씀을 읽는다. 말씀이 예수님이라 생각하라. 음식이 입에서 잘게 쪼개져 넘기듯이 영에서 잘 받아들일 수 있게 반복하여 말씀을 쪼개서 읽고 또 읽는다.

(계12:11) 또 우리 형제들이 어린 양의 피와 자기들이 증언하는 말씀으로써 그를 이겼으니 그들은 죽기까지 자기들의 생명을 아끼지 아니하였도다

처음에는 머리로 들어온 말씀을 더 이상 머리에서 관리하지 말고 가슴에 있는 영으로 쏜다는 느낌으로 보낸다. 풍선에 담겼다고 느껴질 때까지 계속 반복한다.

풍선에 담긴 말씀이 분해되어 영으로 바뀐다고 상상한다.

영으로 바뀐 말씀이 나의 영과 합쳐져서 내 영인지 예수님 영인지 분간이 안 될 때까지 반복한다.

이 말씀이 영으로 변해 내 영과 하나가 되어 내 영의 능력이 차곡 차곡 쌓인다고 상상한다.

말씀 6:

(요일4:4) 자녀들아 너희는 하나님께 속하였고 또 그들을 이기었나니 이는 너희 안에 계신 이가 세상에 있는 자보다 크심이라

목적:

내 안의 하나님으로 인하여 세상을 이기는 자가 되기

방법:

아무에게도 간섭 받지 않는 조용한 장소에 편한 자세로 앉는다.

눈을 감고 혼을 잠잠히 한다. 필요하면 호흡을 해도 좋다.

죄를 회개하는 시간을 갖는다.

내 혼은 머리에 있고 내 영은 가슴에 주먹 두 개 크기의 풍선 안에 있다고 상상하라.

영이 처음에는 가슴에 있다고 상상하다 점점 내려가 배에 있다고 상상하라.

계속 반복하여 말씀을 읽는다. 말씀이 예수님이라 생각하라. 음식이 입에서 잘게 쪼개져 넘기듯이 영에서 잘 받아들일 수 있게 반복하여 말씀을 쪼개서 읽고 또 읽는다.

(요일4:4) 자녀들아 너희는 하나님께 속하였고 또 그들을 이기었나니

이는 너희 안에 계신 이가 세상에 있는 자보다 크심이라

처음에는 머리로 들어온 말씀을 더 이상 머리에서 관리하지 말고 가슴에 있는 영으로 쏟는다는 느낌으로 보낸다. 풍선에 담겼다고 느껴질 때까지 계속 반복한다.

풍선에 담긴 말씀이 분해되어 영으로 바뀐다고 상상한다.

축사, 과학자 따라하기

영으로 바뀐 말씀이 나의 영과 합쳐져서 내 영인지 예수님 영인지 분간이 안 될 때까지 반복한다.

이 말씀이 영으로 변해 내 영과 하나가 되어 내 영의 능력이 차곡차곡 쌓인다고 상상한다.

말씀 7:

(눅10:19) 내가 너희에게 뱀과 전갈을 밟으며 원수의 모든 능력을 제어할 권능을 주었으니 너희를 해칠 자가 결코 없으리라

목적:

사단을 제어할 권능이 내 안에 장착됨을 확신하려 축사를 할 준비를 함

방법:

아무에게도 간섭 받지 않는 조용한 장소에 편한 자세로 앉는다.

눈을 감고 혼을 잠잠히 한다. 필요하면 호흡을 해도 좋다.

죄를 회개하는 시간을 갖는다.

내 혼은 머리에 있고 내 영은 가슴에 주먹 두 개 크기의 풍선 안에 있다고 상상하라.

영이 처음에는 가슴에 있다고 상상하다 점점 내려가 배에 있다고 상상하라.

계속 반복하여 말씀을 읽는다. 말씀이 예수님이라 생각하라. 음식이 입에서 잘게 쪼개져 넘기듯이 영에서 잘 받아들일 수 있게 반복하여 말씀을 쪼개서 읽고 또 읽는다.

(눅10:19) 내가 너희에게 뱀과 전갈을 밟으며 원수의 모든 능력을 제어할 권능을 주었으니 너희를 해칠 자가 결코 없으리라

처음에는 머리로 들어온 말씀을 더 이상 머리에서 관리하지 말고 가슴에 있는 영으로 쏜다는 느낌으로 보낸다. 풍선에 담겼다고 느껴질 때까지 계속 반복한다.

풍선에 담긴 말씀이 분해되어 영으로 바뀐다고 상상한다.

영으로 바뀐 말씀이 나의 영과 합쳐져서 내 영인지 예수님 영인지 분간이 안 될 때까지 반복한다.

이 말씀이 영으로 변해 내 영과 하나가 되어 내 영의 능력이 차곡차곡 쌓인다고 상상한다.

말씀 8:

(막16:17-18) 믿는 자들에게는 이런 표적이 따르리니
곧 그들이 내 이름으로 귀신을 쫓아내며 새 방언을 말하며
뱀을 집어올리며 무슨 독을 마실지라도 해를 받지 아니하며
병든 사람에게 손을 얹은즉 나으리라 하시더라

목적:

사단을 제어하고 병을 고칠 권능이 내 안에 장착됨을 확신함

방법:

아무에게도 간섭 받지 않는 조용한 장소에 편한 자세로 앉는다.
눈을 감고 혼을 잠잠히 한다. 필요하면 호흡을 해도 좋다.
죄를 회개하는 시간을 갖는다.
내 혼은 머리에 있고 내 영은 가슴에 주먹 두 개 크기의 풍선 안에
있다고 상상하라.
영이 처음에는 가슴에 있다고 상상하다 점점 내려가 배에 있다고
상상하라.
계속 반복하여 말씀을 읽는다. 말씀이 예수님이라 생각하라. 음식
이 입에서 잘게 쪼개져 넘기듯이 영에서 잘 받아들일 수 있게 반복
하여 말씀을 쪼개서 읽고 또 읽는다.

(막16:17-18) 믿는 자들에게는 이런 표적이 따르리니
곧 그들이 내 이름으로 귀신을 쫓아내며 새 방언을 말하며
뱀을 집어올리며 무슨 독을 마실지라도 해를 받지 아니하며
병든 사람에게 손을 얹은즉 나으리라 하시더라

처음에는 머리로 들어온 말씀을 더 이상 머리에서 관리하지 말고
가슴에 있는 영으로 쏜다는 느낌으로 보낸다. 풍선에 담겼다고 느

축사, 과학자 따라하기

껴질 때까지 계속 반복한다.

    풍선에 담긴 말씀이 분해되어 영으로 바뀐다고 상상한다.

    영으로 바뀐 말씀이 나의 영과 합쳐져서 내 영인지 예수님 영인지 분간이 안 될 때까지 반복한다.

    이 말씀이 영으로 변해 내 영과 하나가 되어 내 영의 능력이 차곡차곡 쌓인다고 상상한다.

말씀 9:

(시8:6) 주의 손으로 만드신 것을 다스리게 하시고 만물을 그의 발 아래 두셨으니

목적:

창조물은 모두 내 발 아래로 두고 다스리는 존재가 됨

방법:

아무에게도 간섭 받지 않는 조용한 장소에 편한 자세로 앉는다.

눈을 감고 혼을 잠잠히 한다. 필요하면 호흡을 해도 좋다.

죄를 회개하는 시간을 갖는다.

내 혼은 머리에 있고 내 영은 가슴에 주먹 두 개 크기의 풍선 안에 있다고 상상하라.

영이 처음에는 가슴에 있다고 상상하다 점점 내려가 배에 있다고 상상하라.

계속 반복하여 말씀을 읽는다. 말씀이 예수님이라 생각하라. 음식이 입에서 잘게 쪼개져 넘기듯이 영에서 잘 받아들일 수 있게 반복하여 말씀을 쪼개서 읽고 또 읽는다.

(시8:6) 주의 손으로 만드신 것을 다스리게 하시고 만물을 그의 발 아래 두셨으니 처음에는 머리로 들어온 말씀을 더 이상 머리에서 관리하지 말고 가슴에 있는 영으로 쏜다는 느낌으로 보낸다. 풍선에 담겼다고 느껴질 때까지 계속 반복한다.

풍선에 담긴 말씀이 분해되어 영으로 바뀐다고 상상한다.

영으로 바뀐 말씀이 나의 영과 합쳐져서 내 영인지 예수님 영인지 분간이 안 될 때까지 반복한다.

이 말씀이 영으로 변해 내 영과 하나가 되어 내 영의 능력이 차곡차곡 쌓인다고 상상한다.

축사, 과학자 따라하기

말씀 10:

창1:28 하나님이 그들에게 복을 주시며 하나님이 그들에게 이르시되 생육하고 번성하여 땅에 충만하라, 땅을 정복하라,

바다의 물고기와 하늘의 새와 땅에 움직이는 모든 생물을 다스리라 하시니라

목적:

내 생각에 복이 오고 번성하며 다스린다는 믿음이 옴

방법:

아무에게도 간섭 받지 않는 조용한 장소에 편한 자세로 앉는다.

눈을 감고 혼을 잠잠히 한다. 필요하면 호흡을 해도 좋다.

죄를 회개하는 시간을 갖는다.

내 혼은 머리에 있고 내 영은 가슴에 주먹 두 개 크기의 풍선 안에 있다고 상상하라.

영이 처음에는 가슴에 있다고 상상하다 점점 내려가 배에 있다고 상상하라.

계속 반복하여 말씀을 읽는다. 말씀이 예수님이라 생각하라. 음식이 입에서 잘게 쪼개져 넘기듯이 영에서 잘 받아들일 수 있게 반복하여 말씀을 쪼개서 읽고 또 읽는다.

(창1:28) 하나님이 그들에게 복을 주시며 하나님이 그들에게 이르시되 생육하고 번성하여 땅에 충만하라, 땅을 정복하라,

바다의 물고기와 하늘의 새와 땅에 움직이는 모든 생물을 다스리라 하시니라

처음에는 머리로 들어온 말씀을 더 이상 머리에서 관리하지 말고 가슴에 있는 영으로 쏜다는 느낌으로 보낸다. 풍선에 담겼다고 느

껴질 때까지 계속 반복한다.

풍선에 담긴 말씀이 분해되어 영으로 바뀐다고 상상한다.

영으로 바뀐 말씀이 나의 영과 합쳐져서 내 영인지 예수님 영인지 분간이 안 될 때까지 반복한다.

이 말씀이 영으로 변해 내 영과 하나가 되어 내 영의 능력이 차곡차곡 쌓인다고 상상한다.

축사, 과학자 따라하기

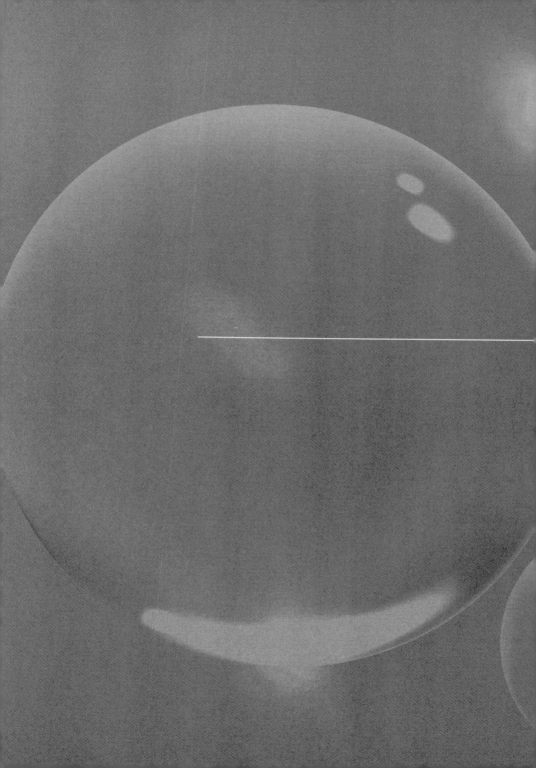

Part 5 ───────────────

축사의 실제!

15.

말씀으로 하는 축사

앞 장에서 말씀을 영으로 내 영과 합치시켜 내 안에 능력을 증가시키는 연습을 반복해서 했다. 이 장에서는 그런 상태가 충분히 연습이 된 사람에게 말씀을 축사로 연결시키는 연습을 하려 한다. 두 말씀을 사용하여 축사 기도를 각각 두 번 연습하려 한다.

우선 앞에서 강조한 것을 다시 한번 상기해 보자.
예수님은 말씀이시다.
(요1:1. 태초에 말씀이 계시니라 이 말씀이 하나님과 함께 계셨으니 이 말씀은 곧 하나님[예수님]이시니라)

예수님에게는 사탄을 제어할 권세가 있다.
(마28:18. 예수께서 나아와 말씀하여 이르시되 하늘과 땅의 모

든 권세를 내게 주셨으니

　막9:1. 예수께서 열두 제자를 불러 모으사 모든 귀신을 제어하며 병을 고치는 능력과 권위를 주시고)

　예수님의 말씀은 영이시다

　(요6: 63. 살리는 것은 영이니 육은 무익하니라 내가 너희에게 이른 말은 영이요 생명이라)

　주와 합한 자는 한 영 즉 하나이다

　(고전6:17. 주와 합하는 자는 한 영이니라)

　이 부분이 완전히 이해되지 않은 사람들은 위의 말씀을 자신의 영 안으로 박힐 때까지 계속 반복하여 암송하며 자동으로 믿어지게 하라. 안 믿어지는 사람도 계속 하다 보면 말씀은 능력이 있어 나의 온 존재를 쪼개고 마음까지 차지할 것이다. 그래서 나의 온 존재의 주인이 나에게서 예수님으로 바뀌는 일이 일어날 것이다. 그리 되면 축사는 자동으로 될 것이다.

　자 그럼 다음의 말씀으로 자가 축사를 해 보자.

· **말씀:**
　창1: 2. 땅이 혼돈하고 공허하며 흑암이 깊음 위에 있고 하나님의 영은 수면 위에 운행하시니라
　3. 하나님이 이르시되 빛이 있으라 하시니 빛이 있었고

　기본 원리는 앞 장에서와 같이 예수님인 말씀을 잘 소화하여 내

영 안으로 흡수한다. 내 영이 강화된 상태에서 명령을 하여 내 안에 존재하는 악한 영을 내쫓는 축사까지 확장하는 것이다.

· **축사 방법:**
아무에게도 간섭 받지 않는 조용한 장소에 편한 자세로 앉는다.
눈을 감고 혼을 잠잠히 한다. 필요하면 호흡을 해도 좋다.
죄를 회개하는 시간을 갖는다.
내 혼은 머리에 있고 내 영은 가슴에 주먹 두 개 정도의 크기의 풍선 안에 있다고 상상하라.
영이 처음에는 가슴에 있다고 상상하다 점점 내려가 배에 있다고 상상하라.
다음 말씀을 머리의 혼이 읽는 것으로 시작하지만 영으로 계속 내려야 한다.
계속 반복하여 말씀을 읽는다.

(창1:2-3) 땅이 혼돈하고 공허하며 흑암이 깊음 위에 있고 하나님의 영은 수면 위에 운행하시니라 하나님이 이르시되 빛이 있으라 하시니 빛이 있었고

다음과 같이 말씀을 쪼개고 쪼개서 혼에서 영으로 넘기고 축사로 이어진다.
땅이: 내 온 몸은 땅이다.
　　　머리도 땅이고
　　　마음도 땅이다.
혼돈: 내 몸이 혼돈하여 무엇이 무엇인지 알 수가 없다.
무엇 하나 제 자리를 잡고 있는 것이 없다.
공허: 내 맘은 비어 있다.

축사, 과학자 따라하기

힘이 없고 희망이 없다.
하나님의 영: 하나님 감사합니다.
저를 포기하지 않으시고 성령님이 제 가슴으로 오셨습니다.
나님의 영이 내 맘을 둘러싸고 있습니다.
하나님: 하나님이 오셨습니다.
분이 무엇을 하실지 기대됩니다.
하나님이 명령하십니다: 빛이 있으라!
나의 흑암 위에 드디어 빛이 비추기 시작한다.
그 빛은 내 영을 다 비춘 뒤
내 혼을 다 비춘다.
이 빛은 나에게는 광명의 빛이 된다
이 빛은 나에게는 생명의 빛이 된다

이 빛이 내 안에 숨어 있는 악한 영들에게는 살인 광선으로 변한다.
이 빛을 받은 악한 영들이 힘을 잃기 시작한다.
이 빛을 받은 악한 영들이 비틀거리기 시작한다.

내가 악한 영들에게 명한다.
너희들은 이제 어둠속에서 나와 당장 떠날지어다!

너희들은 더 이상 묶임을 풀고 당장 떠날지어다!
너희들은 모든 악한 속삭임을 멈추고 당장 떠날지어다!
너희들은 살던 집에서 나와 당장 떠날지어다!
너희들은 병을 가지고 왔던 모든 행동을 멈추고 나와 당장 떠날지어다!
너희들은 너희 고향인 무저갱으로 떠날지어다!

요점은 빛이 얼마나 내 안에서 실제화 되어 나에게는 살리는 생명의 빛이 되고 악한 영에게는 축사를 유발하는 빛으로 작용하게 하는 것이냐이다. 이것이 안되는 사람은 앞 장에서 더 많은 말씀을 영으로 만들어 영의 역량을 증가시키는데 실패했기 때문이다. 따라서 앞의 장을 더 연습해야 한다.

좀 더 축사와 직접적으로 관계되는 성경 구절을 이용하여 한 번더 축사 연습을 해보기로 하자.

· **말씀:**
(막16:17) 믿는 자들에게는 이런 표적이 따르리니 곧 그들이내 이름으로 귀신을 쫓아내며…

기본 원리는 앞 장에서와 같이 예수님인 말씀을 잘 소화하여 내영 안으로 흡수합니다. 내 영이 강화된 상태에서 명령을 하여 자가축사를 하는 것이다. 방법적인 면에서는 말씀이 완전히 소화될 수있도록 반복하여 쪼개는 과정이 강화되고 뒷부분에서 귀신에게 명하는 과정이 첨가된다.

· **축사 방법:**
아무에게도 간섭 받지 않는 조용한 장소에 편한 자세로 앉는다.
눈을 감고 혼을 잠잠히 한다. 필요하면 호흡을 해도 좋다.
죄를 회개하는 시간을 갖는다.
내 혼은 머리에 있고 내 영은 가슴에 주먹 두 개 정도 크기의 풍선안에 있다고 상상하라.
영이 처음에는 가슴에 있다고 상상하다 점점 내려가 배에 있다고 상상하라.

축사, 과학자 따라하기

계속 반복하여 말씀을 읽는다. 말씀이 예수님이라 생각한다. 음식이 입에서 잘게 쪼개져서 넘겨지듯이 영에서 잘 받아들일 수 있게 반복하여 말씀을 쪼개서 읽고 또 읽는다.

(막16:17) 믿는 자들에게는 이런 표적이 따르리니

곧 그들이 내 이름으로 귀신을 쫓아내며

믿는 자: 나는 예수님을 믿는 자이다.

예수 그리스도가 독생자 하나님이심을 믿는다.

예수님에게 하늘과 땅의 모든 권세가 주어졌음을 믿는다.

그 권세 안에는 귀신을 제어할 권세도 포함되었음을 믿는다.

예수님이 나와 하나가 된다.

예수님의 권세가 나에게도 그대로 이어진다.

따라서 나도 귀신을 제어할 권세가 주어진다.

표적: 이제 예수님의 이름을 사용한다.

예수님의 이름으로 명하노니 모든 악한 영들은 나에게서 떠날지어다!

예수님의 이름으로 명하노니 나의 생각을 잡고 있는 악한 영들은 나에게서 떠날지어다!

예수님의 이름으로 명하노니 음란의 영들은 나에게서 떠날지어다!

예수님의 이름으로 명하노니 질병을 가져오는 영들은 나에게서 떠날지어다!

예수님의 이름으로 명하노니 재정을 좀먹는 영들은 나에게서 떠날지어다!

예수님의 이름으로 명하노니 미움을 가져오는 영들은 나에게서 떠날지어다!

예수님의 이름으로 명하노니 시기를 가져오는 영들은 나에게서 떠날지어다!

예수님의 이름으로 명하노니 질투를 가져오는 영들은 나에게서 떠날지어다!

예수님의 이름으로 명하노니 불행을 가져오는 영들은 나에게서 떠날지어다!

특별히 본인에 해당되는 악한 영이 감지되면 해결될 때까지 예수님의 이름으로 반복하여 명령해도 된다. 또한 다른 말씀을 가지고도 위의 과정을 거처 축사를 해보기 바란다.

축사, 과학자 따라하기

16.

축사의
유익은?

1. 축사 받는 자들이 받는 유익들

축사 받는 사람들은 어떤 유익이 있을까?

우선은 혼돈함에서 해방된다. 어떤 눌림에서 해방되어 자유와 해방감을 경험한다. 즐거움을 느낀다. 가족을 포함하여 다른 사람들에게 사랑을 느낀다. 질병에서 해방될 수도 있다. 술 중독, 담배 중독 혹은 마약 중독에서 벗어나는 경우도 있다. 심지어 꼬여 있던 재정이 해결되는 경우도 많이 보았다. 이와 같이 다양한 경험을 할 수 있다.

이와 같이 부정적인 것뿐만 아니라 보다 새로운 것을 경험하는 긍정적인 경우도 있다. 아래는 ABM의 목요 세션에서 축사를 받고 새로운 차원의 영적 경험으로 이끄는 간증이다. 축사가 꼭 부정적인 아픔만 있는 사람만 받는 것이 아니고 보통 사람에게도 유익을 가져온다는 좋은 경우라 여기에 소개한다.

비공개 줌 세션에서 박사님이 새로운 축사 방법을 설명해주시고, 두 번에 걸쳐 축사가 진행되었습니다.

첫번째 축사를 통해 박사님이 불러낸 영들을 자신의 몸에서 빼내서 분리시켜 자기 앞에 동그란 공안에 집어넣고, 자신만의 방법으로 축사하라고 하셨습니다.

저에게 보인 것은 동그란 공모양이 아니라 트롬 세탁기 같은 모형이었습니다. 내부는 음식물 쓰레기 분쇄기 칼이 보였습니다.

그 안에 뜨거운 마그마가 흐르고 있었고, 그 속에 처넣은 영들이 피 터지며 뒤엉켜 뜨거운 불에 녹아 내리는 모습을 보았습니다.

세탁기 돌아가듯 분쇄기로 갈리며 더 미세하게 보이는데, 이것들의 실체가 다 터져서 흩어지더니 분자로 작아지며, 티끌처럼 날려지는 모습을 봤습니다.

이때 박사님이 먼지처럼 된 것들을 후 ∼∼ 하고 불어버리라고 하셔서 ..이미 그것을 보고 있는데 동시에 티끌이 후 ∼∼ 할 때 연기처럼 사라지는 것을 보았습니다.

그리고 빈 공간이 채워 지기를 제가 본 것은 천국이 영적 자궁과 같은 모습으로 거기서부터 영적 탯줄이 저에게 전기코드가 콘센트에 꽂히듯 꽂히더니 그 탯줄에서부터 고전압 전류가 흘러 들어와서 꽉 채우는데 사랑의 에너지라는 것이 알아졌고 그것이 가득 채워지는 것을 느꼈습니다.

축사, 과학자 따라하기

이후 박사님 멘트가 사랑을 채우신다 하셨습니다. 1차 축사까지는 좀 의문이 든 생각이 있었습니다. 선교사님이 멘트하시길 사단의 영체들을 혓바닥과 눈과 머리통과 몸통을 세세하게 갈아버리고 지져버리고 토막을 내라고 하시면서, 내가 한 것이 아닌 사탄 너 때문임을, 탓을 사탄에다 전가시켜서 하라고 하시는데 사탄에게 탓을 돌려 죄를 전가시키는 것은 공명이 되는데, 한가지 의문점이 들었습니다.

왜 한꺼번에 그냥 핵폭탄 투하해서 터트려도 되는데 세세하게 조각조각 내듯 하라고 하실까?? 였습니다. 분을 쏟아 속이 시원해질 때까지 하라고 하시는데, 한꺼번에 한방에 처리하는 것과 무슨 차이가 있는지 의문이었답니다.

그 의문이 1차 축사때까지 만해도 안 풀렸습니다.

이윽고 2차 축사가 시작되었습니다.

박사님이 한 가지만 불러내서 축사하라고 했습니다. 저와 남편 속에 있는 것들을 불러내서 분리시키는데 마치 누에고치에서 실이 길게 뽑혀 나오듯이길고 가늘고 질긴 것들이 쭉 ~~ 쭉쭉쭉 뽑히면서 나오는데각자 자기 앞에 동그란 공에다 집어넣으라 해서 넣으려 하는데 그 실들이 동그란 공에서 모형을 만드는 형상이 커다란 킹콩이었습니다.

몸집이 크고 성난 킹콩!! 포획할 때 집어넣는 쇠창살 같은 동그란 모양이었고, 동그란 쇠창살 감옥에 갇힌 성난 킹콩이었습니다. 이것을 어찌 박살낼까?? 하는데 갑자기 내 두 손이 고양이 발톱 세우듯 날카롭게 세워지더니 열손가락이 칼날처럼 비껴 있고 그 세운 손으로 막 그 킹콩의 머리를 칼로 파헤치듯 팍팍 팍팍!!! 내리치게 되었는데... 푹푹 머리가 깨지고 꺼지면서 터지는 게 보였어요.

너무 오랫동안 사탄의 영향력 아래 당하고 산 것들이 떠오르더니 분하고 억울한 감정이 솟구치면서 감정이입이 느낌까지 최고조로

상승하더니

내 삶을 얼룩지게 만든 분노 게이지가 올라가고 킹콩 머리 속뇌를 내 손 칼날로 다 자르고 피 터지는 것을 보고, 조각을 내고 머리속을 다 뭉개 버리면서 눈까지 도려내서 파고 몸을 이리저리 획 획 회치듯 하며 오장육부까지도 다 꺼내서 도려내는데 엄청난 힘으로 킹콩을 잘라내는데 감정과 느낌이 완전 실제화 되어 그 환상 안에서 하고 있는 동작을 실제 내가 마구마구 행동으로 하게 되는 겁니다.

이 때 박사님과 선교사님이 감정과 느낌을 왜 얘기하셨는지 완전히 공명되었습니다. 영의 세계에서는감정과 느낌까지 일치하는 에너지가 엄청난 파워가 있기 때문에 왜 강조하시는지 알아졌습니다.

에너지 원리와 온 우주의 법칙으로 세팅해 놓으신 원리들이 일치되면서 깨달어졌습니다.

문득문득 선교사님의 영체와 싸우는 소리도 들리고 몸동작도 실제 싸우는 것처럼 완전 몰입하시는데 어제 제가 딱!!! 그렇게 하고 있었습니다.!!

또 다른 하나의 축사방법으로 하라고 하셔서 믿음을 가지고 하는데 몰입도가 진짜 완~~전 다른 차이가 났습니다.

두번째 축사로 1차 축사와 2차 축사 때 제가 의문을 가지고 있었던 차이를 확~~깨닫게 되었습니다.

핵폭탄 투하 한방에 날리는 방법과 디테일 하게 혀 뽑고 눈 뽑고 몸통을 조각 내는 방법의 차이가 무엇인지를 깨달었습니다.

1차 축사법은 한꺼번에 처리하는 것은 감정과 느낌까지 리얼하게 느껴지지는 않았습니다. 믿음으로 하는 건 똑같으나, 관람자 입장에 더 가까운 거 같았고, 객관적인 느낌으로 하게 되고 100퍼센트 감정이입으로 몰입의 차이가 났습니다.

2차 축사법은 디테일 하게 축사해보니 완전 몰입이 되어실제 행동까지 온 맘을 실어서 탓을 사단에게 돌리고 감정과 느낌이 분노

축사, 과학자 따라하기

게이지가 최고치로 올라가서 속이 시~~원하면서 온 몸이 뜨겁고 과격하게 미친듯이 하게 되어 뭔가 확 ~~뚫어낸 것 같은 느낌이 선 ~~명했습니다.

그런데 그 찰나에 계시가 되어 지는 성경 속 사건이 있었습니다. 바로, 십자가의 사건!!! 사단도 자기의 분노를 예수님의 육체에다 다 퍼부었었구나!!! 그 순간 알아졌습니다.

갑자기 그 십자가에 달린 예수님의 육체가 생생하게 보이더니 ...사단의 분노를 예수님의 온 육체에다 한껏 퍼부어 멀쩡한데 하나 없이 너덜너덜하게 피 말려 죽어가게 하는 잔인한 방법으로 매달아 놓고 마침내 심장파열로 고통의 극치를 맛보게 한 그 사건!!!! 갑자기 그 사건이 지금 내 분노를 온 맘을 다해 사단의 영체에다 쏟아 붓고 박살을 내는 모습과 오버랩 되면서 사단도 주님의 몸에다 자신의 분노를 다 쏟아부었었구나~~!! 그 계시가 심장으로 와닿으면서 눈물이 왈칵 쏟아지며 하염없이 눈물이 주르륵 흘러내리는 시간이었습니다.

사단도 같은 방법을 사용한 거구나~!!! 그냥 깨달어졌습니다. 사단의 분노 게이지를 온 몸으로 받아 내시는 주님의 묵묵한 사랑이 심장을 타고 들어오는데... 그 때 선교사님도 사랑에 대해 말씀하시면서 눈물 흘리시는 모습에 더욱 눈물이 나면서 같이 울며 제 마음에 흘러 들어온 시간이 되었습니다.

이 축사방법이 정말 성경적이라는 생각이 들면서 나도 당하지만 않겠어!!!어제 줌에서 손들고 나눌까 하다가 마음이 벅차서 다 나누지 못할 것 같아서 오늘 이렇게 글로 옮깁니다.

혹시 저처럼 의문이 있었던 분들이 계시다면 도움이 되셨으면 합니다.

♡귀한 시간 마련해 주셔서 박사님 선교사님 감사합니다.♡

2. 축사하는 사람들이 받는 유익들

축사 받는 사람들 뿐만 아니라 축사하는 사람들의 유익도 많을 것이다. 나는 다른 사람들의 인생이 확 바뀌는 것이 좋다. 물론 주님이 하시는 것이지만 나라는 통로를 통하여 귀신이 쫓겨나가고 그러므로 다른 사람들이 행복하게 사는 것이 얼마나 좋은가? 내가 축사하니 얼굴이 환하게 변하고 병이 낫고 재정이 회복되고 부부 사이가 좋아지다니! 내가 다른 사람에게 이 보다 더 좋은 선물을 줄 수 있을까? 그래서 나는 축사하는 것이 행복하다.

그런데 여기에 예수님은 아래의 한 가지 선물을 더 주셨다.

(눅10:19-20) 내가 너희에게 뱀과 전갈을 밟으며 원수의 모든 능력을 제어할 권능을 주었으니 너희를 해칠 자가 결코 없으리라 그러나 귀신들이 너희에게 항복하는 것으로 기뻐하지 말고 너희 이름이 하늘에 기록된 것으로 기뻐하라 하시니라

예수님이 칠십 인들을 두 명씩 그룹으로 만들어 앞으로 갈 동네로 미리 보내셨다. 그들이 돌아와 주님의 이름으로 귀신들을 내쫓았다는 보고를 했다. 자신들의 명령에 귀신들이 떠나는 것을 보고 칠십 인의 제자가 얼마나 기뻐서 들뜨겠는가? 전부 입에 거품을 물고 MSG를 쳐가며 자랑하고 있을 때 예수님이 신기한 말씀을 하신다.

"축사하는 자들은 그 들의 이름이 하늘에 기록된다. 그것을 기뻐하라."

우리가 이 험난한 세상을 살아가면서 소망이 있다면 이 세상의 삶을 마치고 하늘나라 갈 때 주님께 인정받는 것이다. 가장 인정받는 사람들은 순교자일 것이다. 계시록 2-3장에 나오는 아시아의 7 교회 중 서머나 교회는 로마의 천주교 국교 인정전에 가장 극심하게 핍박 받던 교회를 상징한다. 따라서 순교자들도 가장 많이 배출한 교회가 서머나 교회일 것이다. 이 서머나 교회에는 예수님의 책망이 없다. 목숨을 바친 믿는 이들에게 무엇을 책망하리오!

　우리도 아무 책망 없이 칭찬만 받기를 원한다. 그러나 우리에게 순교는 너무 큰 산이다. 그래서 순교에는 믿음과 은혜가 필요하다. 우리는 두려움이 많아 순교에는 소질이 없는 지도 모른다. 그렇다면 다른 방법으로 주님의 점수를 따야 하는데 하나의 방법이 축사 기도를 하는 것이다. 예수님이 직접 그리 말씀하셨다. "축사하는 자들은 그 들의 이름이 하늘에 기록된다. 그것을 기뻐하라." 우리는 주님의 약속의 말씀을 믿고 축사 기도를 합시다! 축사가 그만큼 중요한 것이다.

17.

축사 후에는
하나님의 사랑으로

예수님이 마태복음 12장과 누가복음 11장에 같은 내용을 말씀하시는 것이 나오는데 그 내용은 귀신이 나갔다가 다시 들어오는 내용이다.

(마12:43-45) 더러운 귀신이 사람에게서 나갔을 때에 물 없는 곳으로 다니며 쉬기를 구하되 쉴 곳을 얻지 못하고 이에 이르되 내가 나온 내 집으로 돌아가리라 하고 와 보니 그 집이 비고 청소되고 수리되었거늘 이에 가서 저보다 더 악한 귀신 일곱을 데리고 들어가서 거하니 그 사람의 나중 형편이 전보다 더욱 심하게 되느니라 이 악한 세대가 또한 이렇게 되리라

누가 복음에는 없지만 마태 복음에는 맨 끝에 이 악한 세대가 또

축사, 과학자 따라하기

한 이렇게 되리라는 말씀이 덧붙여 있다. 이 덧붙여진 말씀 때문에 많은 목사님들이 이 부분을 단순 은유의 말씀으로 설교를 하신다. 물론 그 부분도 맞다. 그런데 축사를 하는 사람으로 이 내용의 앞부분이 더 심각하게 받아들여진다.

축사를 했는데 귀신들이 다시 들어 온다니 말이 되나? 거기에다 더 악한 일곱을 데리고 들어온다는 말까지 있으니 얼마나 황당한 일인가? 이 부분이 사실이라면 축사를 하지 말고 적당히 버티며 사는 것이 더 좋지 않겠나?

이 책의 앞부분에서 강조한 내용이 우리의 권세를 키워야 한다는 것이다. 그 키우는 방법은 말씀을 영으로 변환시켜 우리 몸에 차곡차곡 채우라는 것이 있었다. 이것의 첫번째 목적은 당연히 말씀을 더 받아들여 예수님의 영으로 우리를 더 강화 시키는 것이었다. 그러므로 우리가 축사를 더 잘 할 수 있는 능력을 키우는 것이었다. 그런데 이것은 부차적인 유익이 하나 더 있다. 우리의 마음에 예수님의 말씀으로 채워 주면 귀신들이 다시 들어올 공간이 적어진다는 것이다.

기왕에 귀신이 다시 들어오는 것을 막을 것이라면 더 좋은 방법이 없을까?

성경 구절에는 우리 맘이 더 청소되고 수리되었다는 표현이 있다. 전에는 귀신 하나가 있다가 나갔는데 더 청소되고 수리가 되어 있어 더 많은 귀신들이 들어올 공간이 생겼다는 의미이기도 하다. 그렇다면 귀신들이 들어오지 못하도록 다른 무엇으로 채우면 어떨까?

그래서 내가 축사할 때마다 마무리 기도로 하는 것이 있다. 그것은 하나님으로 채우는 것이다. 하나님으로 채우면 감히 귀신들이 들어오지 못하지 않겠는가? 소망의 하나님, 기쁨의 하나님, 빛의 하나님, 사랑의 하나님을 초청한다.

내가 축사 기도후에 가장 초청하기를 좋아하는 하나님은 사랑의 하나님이다. 사랑이 좋아서 이기도 하지만 사랑은 두려움을 쫓아내기 때문이다 (요일4:18.)

다음은 축사가 잘 안되던 자매님에게 사랑의 하나님을 초청할 때 일어난 일이다.

"박사님,
어제 축사 시간은 기쁨의 시간이었습니다.
축사하시면서
제 안에 있는 것들은 예쁘게 포장되어 있어
축사를 해도 안 되고
사랑을 부으니까 반응이 일어난다고!!!
자유 해지려면 예수님의 빛을 쏘라고 권면해 주셨잖아요.
100% 공감하고 동의합니다.
그 동안 제 안에 있는 것들이 유착이 심할 정도로 숨어 있다는 것을 종교의 영이 파고 들면서 느껴지기 시작했거든요.
감사합니다"

이 분은 한국의 유명 교회의 사모님이신데 축사를 해 주었을 때 아무런 반응을 안 했다. 그래서 축사 말미의 기도로 하나님의 사랑을 부어 주는 기도로 마치게 되었다. 그런데 축사 명령 기도할 때는

축사, 과학자 따라하기

아무런 반응을 안 했는데 사랑을 부어 주기 시작하자 인상을 쓰면서 괴로워하기 시작하더니 하품과 재채기를 하기 시작하였다. 한참을 하더니 얼굴에 밝은 미소를 짓기 시작하였다. 기쁨으로 축사 기도를 마칠 수 있었다.

사랑은 하나님의 첫 번째 신성이다. 하나님은 사랑이시기 때문이다 (요일4:16.) 사랑이 들어가면 하나님의 존재가 들어 간 것이나 마찬가지기 때문에 사탄은 우아한 모습으로 숨어 있어도 버틸 수가 없다. 결국 사랑의 하나님이 들어 가니 안 되던 축사가 된 것이다. 그러니 더더욱 들어오지 못하지 않겠는가? 그래서 축사 후 나는 사랑의 하나님을 초청하는 것을 즐긴다. 여러 분도 사랑의 하나님을 초청하기를 권하고 싶다.

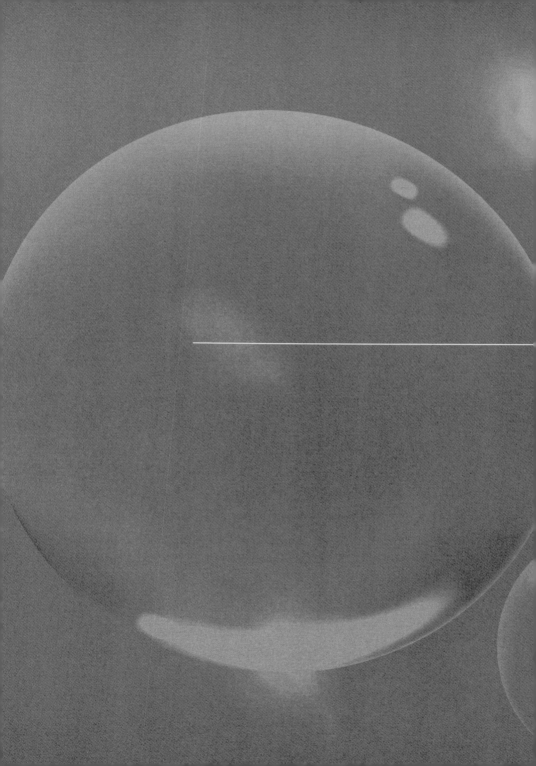

Part 6

축사 따라 해보기!

18.

예수님으로

이 장에서 소개하는 내용은 다른 사람보다 자신을 위해 기도하는 방법들이다. 생각해 보면 자가 축사가 더 어려운 기도이다. 귀신들이 이미 터를 잡아 고착화되어 있을 가능성이 높기 때문이다. 그래서 앞 장에서 자신의 역량을 기르는 다양한 방법을 제시하였다.

빨리 빨리를 강조하는 한국인의 성격상 앞 장들을 소설책 읽듯이 후다닥 넘겨 버리고 '여기서부터 해야지'라고 생각하고 오신 분들도 있을 것이다. 심지어는 한 번도 배워보지는 못했지만 초능력을 발휘하여 대한민국 최고의 속독 실력으로 앞의 백여 페이지를 2-3분만에 돌파를 하시고 이 장으로 직행하시는 분들도 계실 것이다. 하지만 축사는 귀신들 나라와의 전쟁이라는 것을 명심하기 바란다.

축사, 과학자 따라하기

모든 할 일을 마친 뒤 이 책을 꺼내 보시기 바란다. 다른 부분은 소설책 읽듯이 재미로 읽어도 좋지만 13-15장은 우리의 번잡한 혼들을 잠잠히 시키고 조용한 가운데 욕심부리지 말고 하루에 한 페이지만이라도 실습을 하기 바란다. 내가 여기 저기서 여러 번 이야기했지만 우리 믿음 생활에서 구원만 공짜이고 나머지는 스스로가 대가를 지불해야 얻을 수 있는 것이다. 세상의 유익을 위하여 사용될 우리의 시간, 노력, 재정, 혼의 즐거움이 지불되어야 한다. 물론 우리가 대가를 지불한다고 해도 뒤에서 우리를 인도해 주시는 분은 성령님이시다. 영의 영역에서 성령님 없이는 아무것도 이루어질 수 없다. 우리의 노력에 성령님이 함께 하시면 우리의 영적인 근육은 반드시 생기게 된다.

우리의 육적인 근육도 힘든 훈련의 고통의 시간을 통과해야 유지된다. 나와 에미꼬가 미국에서 매일 푸쉽 30개 이상을 하고 PT 체조 100회씩 하여 단단한 팔 근육과 종아리 근육을 만들어도 한국에 방문하여 한 달만 운동 안 하면 순두부 근육이 된다. 영적 근육도 마찬가지이다. 매일매일 나의 영적인 근육을 새롭게 하여 자가 축사가 쉽게 일어날 수 있도록 아래에 제시된 방법을 따라 반복해서 실습하기 바란다.

말씀: (막16:17) 믿는 자들에게는 이런 표적이 따르리니 곧 그들이 내 이름으로 귀신을 쫓아내며…

· **축사 방법 요약:**

"예수님의 이름으로 명하노니 ….. 하는 귀신들은 나가!"

· **배경 설명:**

축사하는 방법 중에 가장 유용하게 사용할 수 있는 방법이다. 특히 이 방법은 다른 사람들 위해 축사 기도를 해줄 때 유용한 방법이다. 뿐만 아니라 자가 축사에도 여전히 가장 좋은 방법이니 많이 사용하기 바란다.

우리가 어떤 사람을 미워할 아무런 이유가 없는데 자꾸 어떤 사람이 싫은 감정이 치솟을 때가 있다. 뚜렷한 이유를 찾기 힘든데 자꾸 특정인에게 미움, 시기, 질투, 분노의 감정이 올라올 때가 있다. 뿐만 아니라 자신에 대해서도 뚜렷이 그래야 할 상황이 아닌데 그냥 염려, 불안, 걱정, 조급함, 심지어 자살 충동 등의 생각이 들 때는 지체하지 말고 바로 자가 축사를 해야 한다. 왜냐하면 귀신들이 우리의 생각을 흔들고 있을 가능성이 많기 때문이다. 귀신들이 사람들에 처음으로 하는 짓이 사람들의 생각을 흔드는 것임을 잊지 말자.

실제 방법적인 면에서는 다음과 같이 명령하라.

"예수님의 이름으로 명하노니 이런 생각을 가져오는 귀신들은 나가! 이런 생각은 없어져!"

이 축사 방법은 내가 종종 사용하는 문구이니 반드시 기억하기 바란다. 나는 이 명령을 하면 안 좋은 생각들이 순식간에 사라진다.

　또한 합당한 이유가 있을 때도 다음과 같이 예수님의 이름으로 축사해 보라. 오래 기도하는 것보다도 훨씬 효과가 좋을 때도 많다.

　- 몸이 아플 때
"예수님의 이름으로 명하노니 나의 몸을 잡고 있어 아프게 하는 악한 영들은 다 나가!"

　- 남편이나 가족이 미워질 때
"예수님의 이름으로 명하노니 나에게 미운 마음을 가져다 주는 악한 영들은 다 나가!"

　- 재정이 나빠질 때
"예수님의 이름으로 명하노니 나의 재정을 건드려 빠져나가게 하는 악한 영들은 다 나가!"

　- 진로가 불투명해질 때
"예수님의 이름으로 명하노니 나의 앞길을 막고 있는 악한 영들은 다 나가!"

　- 실수를 해 맘 상하는 일이 생겼을 때
"예수님의 이름으로 명하노니 나의 부주의와 꼼꼼하지 못한 습관을 이용하여 일이 생기게 하는 악한 영들은 다 나가!"

　- 일이 될 듯 될 듯하면서도 자꾸 어긋 날 때
"예수님의 이름으로 명하노니 나의 일을 방해하는 악한 영들은 다 나가!"

- 마지막 보호 기도

"모든 귀신들이 나간 깨끗한 나의 몸과 마음에 사랑의 하나님을 초청합니다.

하나님, 오시옵소서! 환영합니다. 예수님 이름으로 기도합니다."

2. 예수님의 보혈로

> **말씀:** (계12:11) 또 우리 형제들이 어린 양의 피와 자기들이 증언하는 말씀으로써 그를 이겼으니 그들은 죽기까지 자기들의 생명을 아끼지 아니하였도다

· 축사 방법 요약:

"예수님의 피로 나의 온몸을 덮습니다. 귀신들은 떠날지어다!"

· 배경 설명:

한 때 한국 교회에서 보혈 찬양이 유행한 적이 있다. 가장 대표적인 것이 "죄에서 자유를 얻게 함은 보혈의 능력 주의 보혈… 주의 보혈 능력 있도다 주의 피 믿으오…" 지금은 이 찬양을 하면 마치 시대에 뒤처진 교회나 노인들의 찬양인 듯한 느낌을 받는다. 특히 내가 LA에 있는 한인 교회에 초청되어 갔을 때 현시대 한국에 있는 교회보다 더 전통적인 찬양을 많이 하고 있어 놀란 적이 있다. 하나님도 인간의 변화에 맞추어 많은 대응을 하고 계신다. 그럼에도 불구하고 변하지 않는 것이 몇 가지 있다. 그중에 하나가 예수 그리스도가 십자가에서 흘리신 피이다. 예수 그리스도가 흘리신 보혈은 생명의 상징이자 우리 구원의 징표이다. 그 피로 우리가 속박의 굴레에서 벗어나 진정한 자유를 누릴 수 있게 되었다.

축사, 과학자 따라하기

반대로 사탄의 입장에서는 가장 생각하기 싫은 징표이다. 그러므로 예수님의 보혈을 축사에 사용하면 귀신들이 쫓겨날 수밖에 없다. 자가 축사에도 아주 좋은 방법이다. 그럼 구체적으로 피를 성경에서 직접적으로 사용한 예를 보면서 축사 기도에 적용해 보기로 하자.

- 보호의 기도
(출12:13) 내가 애굽 땅을 칠 때에 그 피가 너희가 사는 집에 있어서 너희를 위하여 표적이 될지라 내가 피를 볼 때에 너희를 넘어가리니 재앙이 너희에게 내려 멸하지 아니하리라

이 성경 구절은 애굽에서 이스라엘 백성에게 양의 피를 문설주에 바르면 죽음의 사자가 물러가며 재앙으로부터 장자를 보호해 주시겠다는 하나님의 약속 구절이다. 이 장면을 상기하며 우리는 양의 피 대신 예수님의 피를 우리와 우리 가정에 뿌리고 온갖 재앙에서 보호하심을 구하는 축사 기도를 하겠다.

- 나의 생명과 건강의 보호를 위하여
"나의 머리에서 발끝까지 예수님의 보혈을 뿌립니다. 질병을 가져오는 모든 악한 영들은 물러나고 다시는 접근도 허용하지 않는다. 악한 영에서 보호될지어다!"

- 재산의 보호를 위하여
"나의 집, 차, 부동산, 동산에 예수님의 보혈을 뿌립니다. 사고나 화재, 홍수, 기후 변화에 따른 재앙, 경제적 환란 등 모든 재산상의 손해에서 보호막을 칩니다. 보호될지어다! 특히 나의 재산을 건드려 환란을 가져오려는 모든 악한 영들은 접근하지 못할 뿐 아니라 어

떤 힘도 사용하지 못할지어다!"

- 죄와 구원
(눅22:20) 저녁 먹은 후에 잔도 그와 같이 하여 이르시되 이 잔은 내 피로 세우는 새 언약이니 곧 너희를 위하여 붓는 것이라

- 나의 구원을 위하여
"예수님의 피를 나의 영, 혼, 몸에 붓습니다. 나의 온 존재가 구원을 받을지어다. 영은 소생하고 혼은 온전하며 몸은 건강할지어다! 이런 축복을 빼어가려 하는 모든 악한 영들은 얼씬도 하지 못할지어다. 어떤 영향력도 발휘하지 못한다!"

3. 예수 안으로 들어 가기

말씀: (요15:7) 너희가 내 안에 거하고 내 말이 너희 안에 거하면 무엇이든지 원하는 대로 구하라 그리하면 이루리라

· **축사 방법 요약:**
눈을 감고 모든 혼적 번잡함을 제거하여 평안 해진다.
보좌의 오른편에 앉아 계신 예수님을 상상한다.
내 영을 내 몸에서 분리하여 하늘의 보좌로 움직인다.
예수님과 내 영이 겹쳐져서 하나됨을 상상한다.
예수님의 태우는 성분이 나에게 들어옴을 느낀다.
나의 쓸데없는 성분(그것이 무엇이든)이 다 말라 소멸됨을 느낀다. (축사)
예수님의 사랑의 성분(씨앗)이 나에게 들어옴을 상상한다.

축사, 과학자 따라하기

내 안에서 사랑의 열매가 맺는 것을 상상한다.

- **배경 설명:**

말씀: (요15:7) 너희가 내 안에 거하고 내 말이 너희 안에 거하면 무엇이든지 원하는 대로 구하라 그리하면 이루리라

성경에는 매력적인 말씀이 많다. 그 중에 하나가 요한 복음 15장 7절이다. 그런데 항상 나를 유혹해서 내가 잡으러 가면 항상 잡히지 않는 성경 구절이다. 무엇이든 원하는 대로 구하면 모든 것이 이루어진다는 너무 매력적인 구절! 그러나 문제는 앞부분의 전제 조건을 맞추지 못해서 항상 실패한다. 그래서 오늘 다른 작전으로 이 구절을 정복하고자 한다. 앞뒤 안 가리고 이 구절에 그냥 퐁당 빠지려 한다. 축사도 하면서도 나의 소원을 이루고 싶다.

자 그러면 하나 하나 해보자.

- **축사 방법:**

눈을 감고 모든 혼적 번잡함을 제거한다.

맘이 잠잠해고 평안 할 때까지 기다린다.

내 앞에 계신 예수님을 상상한다.

내 영을 내 몸에서 분리하여 예수님에게로 움직인다.

예수님과 내 영이 겹쳐져서 하나됨을 상상한다.

예수님의 태우는 성분이 나에게 들어옴을 느낀다.

나의 쓸데없는 성분, 혼적 부분, 온갖 수치, 육적인 부분을 다 태워버린다.

내 안에 숨어 있는 악한 영들은 모두 쫓겨나가게 된다.

나의 전 존재가 깨끗하게 변한다.

예수님을 따라 하늘의 보좌로 이동함을 상상한다.

그 깨끗한 존재가 다시 한번 과감히 하늘 보좌의 예수님에게 스며든다.

이번에는 예수님의 사랑의 말씀이 나에게 들어옴을 상상한다.

내 안에서 사랑의 말씀 열매가 맺는 것을 상상한다.

다시 튀어나온 나의 존재를 예수님에게 스며들게 한다.

이 번에는 예수님의 거룩한 말씀이 나에게 들어옴을 상상한다.

내가 거룩, 거룩해진다.

나에게서 거룩의 열매가 맺어지는 것을 상상한다.

다시 예수님에게 스머드는 상상을 한다.

이 번에는 예수님의 공의의 말씀이 나에게 스며든다.

내가 주님이 원하시는 수준의 공의로운 사람이 되는 것을 상상한다.

나에게 공의가 이루어짐을 상상한다.

내가 무엇을 원하는지 생각한다.

그것이 얼마나 나의 혼을 만족시키는지 테스트한다.

평안한 가운데 혼적인 걸림돌이 없으면 무엇이든 구한다.

이 과정을 끊임없이 계속하여 원하는 것이 혼적 걸림돌이 안되는 순간까지 계속한다. 혼적 걸림돌이 없으면 무엇이든 구하라.

축사, 과학자 따라하기

19.

말씀에 기반으로 하는 축사

앞에서 언급한 예수님의 이름과 피에 근거한 축사 기도는 우리가 익히 알고 있었던 바 비교적 간단한 설명과 선언 기도로 할 수 있었다. 지금부터는 말씀에 근거하여 하는 축사 기도를 할 것이다. 다소 생소할 뿐만 아니라 말씀을 영으로 소화하지 않으면 큰 의미가 없기 때문에 여기에서는 좀더 자세히 설명하며 기도를 하려 하니 잘 따라오기 바란다. 각각의 말씀의 배경 설명을 먼저 읽고 다 이해한 후 실제 기도할 때는 맨 앞의 축사 요약을 따라 기도하기 바란다.

1. 마귀의 참소에서 벗어나는 축사 기도

말씀: (약4:7) 그런즉 너희는 하나님께 복종할지어다 마귀를 대적하라 그리하면 너희를 피하리라

· **축사 방법 요약:**

1. 먼저 말씀을 충분히 묵상하여 이 말씀이 나에게 이루어진다고 믿는다

약4:7. 그런즉 너희는 하나님께 복종할지어다 마귀를 대적하라 그리하면 너희를 피하리라

2. 복종하지 않고 있는 것들 중 하나를 생각하여 복종하거나 약속을 한다.

3. 나를 공격하려고 하는 마귀를 생각나게 해달라고 기도한다.

4. 내 머리에서 발 바닥까지 몸을 스캔하며 혹시 들어와 있는 마귀가 있다면 예수님의 이름으로 나갈 것을 명령한다.

5. 나에게 방탄의 보호막이 씌어져 있는 것을 상상하며 더 이상 귀신이 공격할 수 없는 산성임을 선언한다.

6. 실제 선언 기도의 예:

"나의 모든 부분, 영, 혼, 몸이 하나님께 복종합니다. 이제껏 버티고 있던 이것까지 복종하기로 약속합니다. 나는 이제 마귀를 다스릴 권세를 받았다. 나의 이 불복종을 틈타 나를 참소했던 너 마귀는 이제 아무런 권한이 없다. 이제 떠나라! 너로 인하여 막혔던 모든 것이 이제 풀릴지어다!"

· **배경 설명:**

마귀의 다른 이름은 참소자이다. 우리의 잘못을 절대 놓치지 않고 끊임없이 참소한다. 우리는 연역하여 끊임없이 실수를 하고 살기

때문에 이 참소자에게서 벗어날 길이 없어 보인다. 그런데 이 참소자를 대적하여 쫓아 낼 길을 하나님이 주셨다. 그것은 하나님께 복종하는 것이다. 그러면 우리는 하나님께 복종하는 것과 우리가 마귀를 대적할 수 있는 권리가 무슨 상관이 있는 지 알아보자.

(눅22:42-43) 이르시되 아버지여 만일 아버지의 뜻이거든 이 잔을 내게서 옮기시옵소서 그러나 내 원대로 마시옵고 아버지의 원대로 되기를 원하나이다 하시니 천사가 하늘로부터 예수께 나타나 힘을 더하더라

예수님이 하나님께 복종하자 천사가 예수에게 힘을 더해 영적 능력을 더 했다.

(빌2:8-10) 사람의 모양으로 나타나사 자기를 낮추시고 죽기까지 복종하셨으니 곧 십자가에 죽으심이라 이러므로 하나님이 그를 지극히 높여 모든 이름 위에 뛰어난 이름을 주사 하늘에 있는 자들과 땅에 있는 자들과 땅 아래에 있는 자들로 모든 무릎을 예수의 이름에 꿇게 하시고

또한 예수님이 죽기까지 복종했더니 하늘과 땅의 모든 권세를 예수님에게 돌리셨다. 복종은 마귀를 굴복시킬 권세와 능력을 받는 키이다. 우리도 혼을 죽이고 하나님께 평생 복종하지 못했던 것을 복종하고 마귀를 누를 권세를 받아 보자.
이 과정의 키포인트는 두 가지이다.
첫째는 이제껏 하지 못하고 계속 묵혀 놓았던 것을 풀어 복종을 해야 한다.
둘째는 복종을 하면 하나님이 천사를 보내 주어 나에게 영적 능력

과 세상을 다스릴 권세를 주신다는 것을 믿어야 한다.

· 축사 기도 방법:

먼저 말씀을 충분히 묵상하여 이 말씀이 나에게 이루어진다고 믿는다

(약4:7.) 그런즉 너희는 하나님께 복종할지어다 마귀를 대적하라 그리하면 너희를 피하리라

자신의 삶을 회상하여 평소 복종하지 못했던 것들 중 오늘 복종할 수 있는 것 하나만 생각나게 해달라고 기도한다.

만약 생각났는데 복종할 수 없다면 "주여, 저를 불쌍히 여기소서!"를 계속 외친다.

그래도 복종할 수 없는 것만 자꾸 생각난다면 가장 작은 것으로 복종을 하거나 약속을 한다. (물론 작은 복종일수록 상응하여 받는 은혜도 작을 것이다.)

나를 공격하려고 하는 마귀를 생각나게 해달라고 기도한다.

특히 평소 나의 생각을 부정적으로 이끄는 마귀 종류를 생각나게 해 달라고 기도한다. 부정적인 생각에는 욕, 미움, 시기, 질투, 분노, 음란, 불안, 두려움 등이 있다.

내 머리에서 발 바닥까지 몸 하나, 하나 스캔하며 혹시 들어와 있는 마귀가 있다면 발견되도록 기도한다. 특히 동물의 모습으로 얼쩡거릴 수도 있다. 만약 발견되면 예수님의 이름으로 나갈 것을 명령한다.

하나님이 나에게 귀신의 공격을 이겨 날 힘을 주셨다고 믿는다.

축사, 과학자 따라하기

나에게 방탄의 보호막이 씌어져 있는 것을 상상한다. 귀신들이 공격해도 미끄러져 나가는 것을 바라본다. 3번 공격하다 더 이상 오지 않는 것을 바라본다. 이제 더 이상 귀신이 공격할 수 없는 산성임을 선언한다. 나는 방탄의 보호막 안에서 안전하다고 선언하고 믿는다.

2. 마귀의 존재를 드러내는 축사 기도

말씀: (창1:2-3) 땅이 혼돈하고 공허하며 흑암이 깊음 위에 있고 하나님의 영은 수면 위에 운행하시니라 하나님이 이르시되 빛이 있으라 하시니 빛이 있었고

· **축사 방법 요약:**

내 안에 가장 암울하고 숨기고 싶은 것이 생각나도록 기도한다. 그 위에 성령님이 전체를 감싼다고 상상한다.

하나님의 음성이 들린다. "빛이 있으라." 갑자기 어둠으로 가득 찼던 내 안에 환한 빛으로 밝혀지는 것을 상상한다.

나의 죄도 드러나고 그 죄와 연결되어 있던 악한 영들도 드러난다. 죄는 말라죽고 새로운 생명, 새로운 피조물이 내 안에서 살아나는 것을 상상한다.

선언: "내 안에 숨어 있던 모든 악한 영들은 모든 묶임을 풀고 내 곁에서 떠날지어다!"

· **배경 설명:**

이 말씀을 이용하여 들어온 귀신들을 드러내는 축사 기도를 하려 한다.

기본적으로 귀신들은 자신의 정체를 숨기는 것을 좋아한다. 특히 처음으로 사람에게 들어가 집을 짓기 전까지 숨어 있는 것을 좋아한다. 초기에는 있는지 없는지 모르게 지내서 주인이 어떤 경향을 지니는지 파악하는데 시간을 보낸다.

그러면서 귀신들이 자신의 주인이 어느 부분에서 가장 취약한지를 파악하기 위하여 살피다 어느정도 파악이 되면 그 때부터 행동을 개시한다. 가령 이 남자가 여자에 약하다 싶으면 음란한 생각을 집어넣고 시작은 음란물 영상에 중독되게 만든다. 어느정도 통한다 싶으면 특정인과 간음을 저지르게 하여 결국은 가정을 파괴하도록 들어 나게 한다. 처음에는 주인 한사람만 고통을 주다가 점점 그 범위를 확대하여 주변의 가정까지 고통을 주는 것이 귀신들이 하는 일이다. 그리고 칩거 기간이 오래될수록 주인과 너무 밀착하게 되기 때문에 축사는 점점 힘들어진다.

우리가 처음 축사를 만나게 된 미국의 어느 자매에게 기도를 해줄 때 귀신이 하는 말이 인상적이었다.
"애는 내 것이야, 건들지 말란 말이야!"
시간이 오래되면 그 주인이 자기 집이 되고 자기 소유가 되었다고 귀신들은 생각하는 것이다.

그래서 초기에 귀신들을 찾아 대처하는 것이 중요하다.
이 때 좋은 말씀이 창세기 1장 2-3절이다.
2절은 우리의 내면이 무엇이 있는지 없는지 알 수 없는 어둠이 가득한 상태를 암시하고 그 내면으로 성령님이 운행하심을 비유적으로 동일화시킬 수 있다.

그런 가운데 하나님의 음성이 들린다 "빛이 있으라!"

축사, 과학자 따라하기

어두움 가운데 아무것도 볼 수 없는 상태에서 내면에 환한 빛이 켜진다. 빛 아래에서는 그 누구도 숨지 못한다. 내면의 죄가 드러나 회개의 눈물이 나온다. 죄 뒤에 숨었던 귀신들이 빛으로 드러나 어쩔 줄 모르다가 결국 쫓겨나가는 상황이 벌어진다.

· **축사 기도 방법:**
계속 반복하여 말씀을 읽는다.

(창1:2-3) 땅이 혼돈하고 공허하며 흑암이 깊음 위에 있고 하나님의 영은 수면 위에 운행하시니라 하나님이 이르시되 빛이 있으라 하시니 빛이 있었고

내 안에 가장 암울하고 숨기고 싶은 것이 생각나도록 기도한다. 그 위에 성령님이 전체를 감싼다고 상상한다.
하나님의 음성이 들린다. "빛이 있으라." 갑자기 어둠으로 가득 찼던 내 안이 환한 빛으로 밝혀지는 것을 상상한다.
나의 죄도 드러나고 그 죄와 연결되어 있던 악한 영들도 드러난다. 죄는 말라죽고 새로운 생명, 새로운 피조물이 내 안에서 살아나는 것을 상상한다.
"내 안에 숨어 있던 모든 악한 영들은 모든 묶임을 풀고 내 곁에서 떠날지어다!"

요점은 빛이 얼마나 내 안에서 실제화 되어 나에게는 살리는 생명의 빛이 되고 악한 영에게는 축사를 유발하는 빛으로 작용하느냐이다. 이것이 안되는 사람은 앞 장에서 한 상상하는 연습과 영의 역량을 증가시키는 기도들 더 하기 바란다.

3. 하나님이 주신 권세로 하는 축사 기도

> **말씀: (눅10:19)** 내가 너희에게 뱀과 전갈을 밟으며 원수의 모든 능력을 제어할 권능을 주었으니 너희를 해칠 자가 결코 없으리라

· **축사 방법 요약:**

다음 말씀을 반복하여 계속 읽는다.

내 안에 원수를 제압할 권세와 능력이 주어졌음을 묵상하며 내 안에 숨어 있을 귀신을 대적한다.

권세를 가지고 명령한다.

"내 안에 숨어 있던 모든 악한 영들은 모든 묵임을 풀고 내 곁에서 떠날지어다!"

· **배경 설명:**

이 말씀을 이용하여 들어온 귀신들을 쫓아내는 축사 기도를 하려 한다.

위의 말씀은 70명의 제자들이 복음 전도 여행을 마친 후, 제자들은 예수님에게 전도 보고를 하면서 귀신들이 자기들의 명령에 제어를 받았다고 하였다. 그 때 예수님이 제자들에게 이른 말씀이다.

이 말씀에 해당되는 구약의 성경 구절이 선악과 사건 전 창세기 1장26절이다.

(창1:26) 하나님이 이르시되 우리의 형상을 따라 우리의 모양대로 우리가 사람을 만들고 그들로 바다의 물고기와 하늘의 새와 가축과 온 땅과 땅에 기는 모든 것을 다스리게 하자 하시고

선악과 사건 이전에도 인간은 다스림이 그 주요 사명이었다. 지금과 다른 점이 있다면 사랑 가운데 우아한 다스림이라는 것이다. 그

축사, 과학자 따라하기

러나 선악과 사건으로 사탄이 지구상으로 유입된 후로는 우아한 다스림을 포기할 수밖에 없다. 심지어 다스림의 대상인 동물들 중에는 인간을 거역할 뿐만 아니라 위해까지 가하는 동물도 있다. 그 동물이 사탄을 등에 없고 호가호위하는 뱀이다. 이 뱀 즉 사탄을 제어하고 복음 전파를 명하시며 원수를 제어할 권능까지 예수님이 제자들에 부여하신 것이다. 이 권능을 가지지 않고 전도할 생각을 안 하는 것이 나을 것이다. 왜냐하면 전도하러 갔다가 온통 상처투성이로 돌아올 뿐이기 때문이다.

그래서 원수를 제어할 권세와 능력을 받아야 한다. 만약 우리가 이미 원수에게 점령당하였다면 이 말씀에 근거하여 우리는 이 권능을 되찾아야 한다. 이 시간에 우리는 이 권능을 되찾고 우리 안에 혹시 들어와 있을 마귀들을 내쫓아야 한다. 그 과정을 수행하려 한다.

· 축사 기도 방법:

1. 다음 말씀을 반복하여 계속 읽는다.

눅10:19. 내가 너희에게 뱀과 전갈을 밟으며 원수의 모든 능력을 제어할 권능을 주었으니 너희를 해칠 자가 결코 없으리라

2. 창세기 1장 26절을 생각하며 선악과 사건 이전 나의 존재는 지구 상의 동물을 다스리는 존재로 탄생했고 선악과 사건 이후에는 사탄과 싸워야 하는 존재라는 인식을 한다. 따라서 원수를 제어할 권능이 주어져야 하는 존재임을 깊이 인식한다.

3. 내 안에 원수를 제압할 권능이 주어졌음을 묵상하며 내 안에 숨어 있을 귀신을 대적한다.

4. 권능을 가지고 자신 있게 귀신이 나갈 것을 명령한다.

5. "내 안에 숨어 있던 모든 악한 영들은 모든 묶임을 풀고 내 곁에서 떠날지어다!"

요점은 하나님이 귀신을 쫓아낼 권세와 능력을 주었다는 것을 얼마나 확신하느냐이다. 이 확신에 비례하여 믿음이 생기고 이 믿음의 강도에 따라 축사 되는 것이 결정된다. 따라서 축사가 안 되는 사람은 하나님이 주신 권능에 대한 묵상을 더 해서 축사 권세를 강화 시켜야 한다.

축사, 과학자 따라하기

20.

생기로

말씀: (창2:7.) 여호와 하나님이 땅의 흙으로 사람을 지으시고 생기를 그 코에 불어넣으시니 사람이 생령이 되니라

· **축사 방법 요약:**

1. 말씀을 반복하여 계속 읽는다.

2. 눈을 감고 혼을 잠잠히 한다.

3. 숨을 깊이 들이 마시는데 들어 가는 숨이 하나님이 아담을 만드실 때의 생기라 상상하라.

4. 이 생기가 나의 허약한 모든 부분을 새로 살아나 강하게 만든다고 상상하라.

5. 숨을 들이 마실 때 내 안에 숨어 있는 귀신들을 쫓아 낸다고 상상하라.

6. "내 안의 모든 부분이 아담의 새 몸으로 변하고 귀신들은 쫓겨 나갈지어다!"고 명한다.

· **배경 설명:**

성경에는 아담이 지어진 이야기가 창세기 1장과 2장에 나오고 바로 다음인 3장에서는 선악과를 먹어 인생이 전혀 다른 인생으로 변하는 이야기로 되어 있다. 그래서 선악과 먹기 전의 우리 인생에 대한 힌트가 거의 없다. 나는 선악과 사건 이전의 아담을 어떠했을까라는 생각을 종종한다.

그것을 재현하고 싶은 생각이 간절하지만 흙으로 사람 모양으로 빚어 놓은 다음 하나님의 생기를 넣으면 되겠지만 하나님의 생기를 구할 길이 없어 곤란하다. 그래서 생각한 것이 오염된 우리를 하나님의 생기로 씻어 내면 조금이라도 나은 우리 삶이 되지 않을까 하는 생각을 한다. 이 책의 주제가 축사임 만큼 우리에게 하나님의 생기를 불어넣으면 또 다른 방법의 축사가 될 것이라는 믿는다.

· **축사 방법:**

1. 다음 말씀을 반복하여 계속 읽는다.
   (창2:7) 여호와 하나님이 땅의 흙으로 사람을 지으시고 생기를 그 코에 불어넣으시니 사람이 생령이 되니라

2. 눈을 감고 혼을 잠잠히 한다.
3. 숨을 깊이 들이 마시는데 들어 가는 숨이 하나님이 아담을 만드실 때의 생기라 상상하라.
4. 숨을 들이 마실 때 하나님의 생기가 머리로 퍼지고 아래로는 발 끝까지 퍼진다고 상상하라.
5. 그 생기가 들어 가면 내 몸에 망가진 것들을 새 것으로 고친

다고 상상하라.

6. 그 생기가 내 안에 숨어 있는 귀신들을 내 쫓는다는 상상하라.
7. 내 안의 모든 부분이 아담의 새 몸으로 변한다는 상상하라.
8. "하나님의 생기로 건강한 몸으로 변하고 악한 영들은 모두 떠날지어다!" 라고 선포하라.

호흡으로 축사 기도를 하는 것이 의외로 축사가 잘 된다. 호흡의 자연적인 효과로 인하여 마음도 편해지다. 마음이 답답한 사람들은 이 호흡으로 하는 축사 방법을 사용해 보기 바란다.

21.

사운드로

말씀: (수6:20) 이에 백성은 외치고 제사장들은 나팔을 불매 백성이 나팔 소리를 들을 때에 크게 소리 질러 외치니 성벽이 무너져 내린지라 백성이 각기 앞으로 나아가 그 성에 들어가서 그 성을 점령하고

· **축사 방법 요약:**

준비물: 쇼파르 부는 영상

눈을 감고 여리고 성 정탐하듯이 내 안에 무너져야 할 것이 무엇인지 기도하여 찾아낸다.

길갈에서 할례하듯이 내 안의 죄를 회개하여 깨끗한 사람이 된다.

상상 속의 여리고 성안에 무너져야 할 것이 들어 있다고 상상한다.

축사, 과학자 따라하기

우리의 제사장이신 예수님을 앞장세우고 우리는 그 뒤를 하루에 한번 돈다고 생각하며 천천히 여섯번을 돈다.

마지막 7일에는 일곱 바퀴를 돌았음으로 우리도 상상 속에서 일곱 바퀴를 천천히 돈다.

쇼파르 영상을 틀고 눈을 감고 큰 소리로 "와"하고 소리를 지른다. 눈을 감고 여리고 성 같은 것이 무너지는 것이 느낄 것이다.

· 배경 설명:

이 방법은 이스라엘 민족이 40년동안 광야에서 훈련을 받고 드디어 여호수아가 인도하여 요단강을 건너며 첫 번째 맞이하는 여리고 성을 함락하는 것을 모티브로 삼는 것이다.

여리고 성은 외벽 높이 5m, 두께 2m에, 내벽 높이14m, 두께 2m로 두 개의 벽으로 되어 있는 난공불락이다. 이스라엘 민족이 다른 성이나 가나안 땅의 민족 정복은 다 전쟁으로 정복했지만 여리고 성만큼은 비이성적인 행군과 7일째 제사장들의 쇼파르 나발과 백성들의 함성으로 성이 무너진다. 우리는 이 여리고 성이 무너지는 원리를 따라 축사를 하고자 한다.

여호수아 2장에는 여리고 성을 정탐꾼을 보내 여리고 성의 형태를 미리 염탐하는 장면이 나온다. 우리는 이 부분을 나의 내면에 무엇이 여리고 성과 같이 무너지지 않는 철벽같이 남아 있는지를 알아내는 기도를 한다. 그래서 무엇을 무너트릴지를 결정한다.

여호수아 5장에는 여리고 성 앞 길갈에서 할례를 먼저 행한다. 우리도 할례를 하듯이 우리의 죄를 회개하는 시간을 가질 것이다.

드디어 내면에 철벽같이 무너지지 않은 것을 여리고 성안에 있다고 가정한다. 대제사장들이 언약궤를 메고 앞장서 매일 한 바퀴 돌 듯이 6일 동안 하듯이 여섯 번을 대제사장이신 예수님을 앞에 모시고 그 뒤를 따라 도는 것을 상상한다. 마지막 7일에는 이스라엘 민족은 7번을 도는데 우리도 천천히 7바퀴를 도는 상상을 한다.

그리고 제사장들이 부는 쇼파르 소리를 틀어 실제로 듣고 본인 입으로는 "와"하고 큰 소리를 지른다. 실제로 난공불락과 같은 여리고 성과 같았던 여러 분의 성이 무너지는 환상이 보일 것이다. 환상이 안 보이는 사람은 무너지는 것을 상상하라.

다음은 나와 함께 ABM 미라클스쿨 학생들이 여리고 성으로 축사 시간을 가졌는데 그 간증들이다. 실재로 많은 학생들이 이것으로 효과를 많이 보았다.

- 박사님 여리고 성 축사에는 나의 연약함을 생각하면서한 바퀴 한 바퀴 돌 때마다 계속 축사가 일어나며 갈수록 강해졌다.그러더니 6번째 바퀴에서 배 밑에서 출렁거리면서 하~하고 시원한 하품이 나오고 7바퀴째는 빨리빨리 돌면서 박수치며 무너졌다 무너졌다 소리쳤다.소파르 부실 때 승리했고 담대하고 용감해졌다고 느껴졌다.

- 박사님의 여리고 성 축사시간..왜 그리 눈물이 나는지..마치 예수님이 내 앞에서 'OO이는 내가 보호한다. OO아 나만 바라 보렴' 이렇게 말씀하시는 것 같았어요. 나를 바라보면 안 될 것 같은데 예수님 바라보며 다 돌고는
여리고 성이 무너질 때 아주 크고 긴 하품과 기침이 여러차례 나오는 것이 신기했어요.

축사, 과학자 따라하기

- 할렐루야! 박사님께서 해주시는 축사는 여리고 성을 돌면서 아직도 내 안에 남아 있는 것들을 다 성안에 집어넣었습니다. 내 몸도 점점 뜨거워지며 계속 생각나는 대로 집어넣고 박사님의 쇼파르 소리를 들을 때 갑자기 저의 배가 불룩해지면서 악한 것들이 나가면서 여리고 성이 무너져 내렸습니다. 시원함과 위에서 빛이 내려오면서 온몸에 전율이 임했고 몸도 뜨거웠고 평강과 기쁨도 임했습니다. 박사님께 깊은 감사를 드립니다.

- 박사님 여리고 성 축사때는 아직도 붙어있는 낮은 자존감, 자기 연민, 교만을 무너뜨렸다. 하품에 구역질도 나오고 마지막 일곱바퀴를 돌 땐 엄청 빠른 속도로 돌더니 쇼파르 나팔소리와 함께 나의 연약함을 무저갱으로 날려버렸다. 할렐루야!!

- 박사님 시간 때 아직도 남아있는 내 안에 여리고성, 혼 적인 나의 자아를 파쇄하며 첫번째 돌 때 허리 쪽엔 묵직한 에너지가 빠져나갔다. 나팔소리때 무저갱으로 집어넣었을 때 빠져나가면서 가벼워졌다. 몸이 점점 뜨거워졌다. 감사합니다.

- 박사님 여리고 성 축사 땐 두려움과 외로움을 두고 돌기 시작... 첨엔 눈물이 터지더니 어린 소년이 이스라엘 복장으로 예수님 손을 잡고 자갈밭을 돌기시작... 갑자기 두 바퀴 째부터는 뛰기 시작.. 막 웃으면서 달리면서 네 바퀴가 되기도 전에 기쁨이 넘쳐서 주님과 미친듯이 웃으며 일곱바퀴를 순식간에 다 돌고 기쁨의 헹가래를 치고 공중에 뛰며 순간 옷이 현대복으로 바뀌며 풍선이 날아다니고 즐거운 순간들... 그러곤 다시 옛 시대.. 제사장들이 쇼파르를 불며 주님과 여리고 주위를 돌기 시작.. 그때 박사님이 쇼파르 불기 시작... 무저갱에 그것들을 넣으라 했을 때 불로 쏴서 완전히 태우고 던

져 넣고 문빗장을 완전히 닫았다. 이제 두려움이나 외로움 네까짓 것들 다 떠나보낸다. 바이!!!

  왼쪽에 보이는 여리고 성 !얼마나 거대한지, 우측에 서있는 나의 뒷모습이 너무나 너무나 작아 보인다. 희끄무옇게 바랜 회색빛 벽돌 하나가 내 몸 3배 이상은 족히 될 만큼 커보이고 벽돌 하나의 높이가 내 키보다 더 컸다. 성벽이 얼마나 거대하고 큰지, 그 엄청나게 큰 성벽안에 내 자아, 나의 흔적인 모습을 넣었다. 오른쪽으로는 캐년에서나 볼 수 있는 황토빛 나는 광대한 평지가 펼쳐져 있고, 먼지가 자욱한 길에 예수님이 옆에 나타나셨고 부드럽게 휘날리는 긴 흰옷자락을 손끝으로 살짝 잡다가, 손을 잡고 돌게 되었다. 한바퀴를 돌자 왼쪽의 거대한 성벽이 먼지 하나도 없이, 무너지는 과정도 없이, 소리하나 나지않고 그냥 사라져버렸다. 더이상 보이지가 않는다.일곱째날쇼파르 소리에 빨리 돌고 돌고 또 도는데, 사라졌다고 생각했던 성벽의 부서진 잔해들이 땅바닥 곳곳에 아주 조금씩 보였다, 사라진 줄 알았는데 다시 보여지는게 이상했다. 박사님의 화염방사기 말씀이 끝나기가 무섭게 내 손에 어느새 자그마한 화염방사기가 쥐어졌고 이글이글한 불을 뿜어내자 까맣게 타들어가고, 그 탄 조각들은 어느새 무저갱에 던져졌다. 내가 어린아이처럼 팔짝팔짝 두 손을 들고 뛰고 있는 모습이 보이고, 나의 속이 실제로 시원해졌다.

  - 박사님 수업

  이번엔 여리고를 무너뜨리는 걸 하셨다. 난 온갖 것들을 다 여리고 위에 올려놓고 주님과 박사님 뒤를 따라 기대하는 마음으로 돌았다. 나와 우리 가족에게 악한영들은 나무뿌리처럼 깊게 뿌리를 내리고 있었고 좀처럼 뽑히지 않을 것 같았던 악한영들의 깊은 뿌리들이 소파르 소리에 뽑혀 세찬 바람에 날아가버렸다. 그때 내 몸

238   축사, 과학자 따라하기

은 너무 정신이 없어 무중력 상태로 들어가버린 것 같다. 잠시 정신을 잃은 것 같기도 하고 쇼파르 소리는 너무나 강력했고 하늘과 땅이 진동하며 땅이 갈라지고 하늘이 출렁거렸다 얼마나 축사가 심하게 일어나고 배가 출산할 때처럼 땡기고 힘이 들어갔는지 정신을 차릴 수가 없었다 박사님이 물어보시는데 대답도 못하고 눕고만 싶었다 수업을 해야 하니 참고하는데 배에서 축사는 수업내내 계속되었고 끝나고도 계속 되었다 쇼파르 소리를 많이 들어봤지만 이렇게 강력한 소리인 줄 처음 알았다~ 감격스럽다!!! 박사님의 하나님은 박사님을 얼마나 신뢰하시는지 그래서 많은 권능과 계시와 사랑을 부어 주시는지 오늘 또 보게 된다 쇼파르 소리는 어떤 소리도 아니였고 우리를 향한 하나님의 깊은 울림 주님의 목소리 마음의 소리로 느껴졌다 사랑의 소리로~사단을 향해 꾸짖는 소리로~만왕의 왕인 소리로~참 멋지고 기쁜 순간이기도 했다 누가 쇼파르를 부르냐에 따라 그 소리가 하나님의 마음을 나타내는 소리로 진동으로 울림으로 마음으로 바꿔진다는 게 놀랍기만 하다. 기름부음과 불이 지금까지도 강력하게 일어나고 있다. 나도 그 하나님 앞에 섭니다 박사님 존경합니다....

22.

방언으로

· **축사 방법 요약:**

혼이 잠잠해질 때까지 방언 기도를 20분 정도 한다.

방언 기도를 잠시 마치고 기도를 한다.

"성령님, 제 안에 어떤 악한 영들이 작동하는지 저는 모르겠어요.

만약 저에게 악한 영이 있다면 지금 내 안에서 무엇을 하고 있는 감으로 알게 하시고

그 영으로 인하여 무엇이 영향을 받는지 알게 하소서.

그리고 그 영들을 축사하기를 원합니다.

역사 하소서!

예수님의 이름으로 기도합니다"

다시 입으로는 방언 기도를,

맘으로 악한 영들을 추적합니다.

축사, 과학자 따라하기

축사가 되는지 집중하며
방언 기도를 계속한다.

· **배경 설명:**

앞에서 소개한 방법이 모두 작동하지 않는 분들도 있을 것이다. 앞에서 소개한 방법들의 대부분이 영에서 시작해야 가능한 것들이다. 영으로 들어가는 첫 관문이 혼을 잠잠케 하는 것인데 초심자들은 혼을 잠잠케 하는 것이 만만치 않다. 특히 기도를 하려면 온갖 상념과 염려가 우리의 생각을 지배하기 시작한다. 조금 전 드라마 볼 때는 아무 생각없이 나의 온 맘과 몸을 드라마에 다 주었는데 왜 기도만 하려면 영이 나를 지배하는 것이 아니고 내 삶이 내 머리를 지배하는 지 모르겠다.

이런 분들에게 마자막으로 할 수 있는 것은 무엇이 있을까? 그것은 성령님이 하시도록 하면 된다. 현 시대에 우리의 근거리에서 우리를 가장 도와주실 분은 성령님이시다.

(롬8:26) 이와 같이 성령도 우리의 연약함을 도우시나니 우리는 마땅히 기도할 바를 알지 못하나 오직 성령이 말할 수 없는 탄식으로 우리를 위하여 친히 간구하시느니라

로마서에 언급된 것처럼 성령님은 우리를 위하여 탄식하시며 간구하신 분이시다. 심지어 그 분의 이름이 보혜사 성령님이시다. 우리를 곁에서 도와주시는 조력자, 상담자이자 친구이다. 우리가 대책 없이 곤란한 상황에 빠져 있을 때 우리가 모든 것을 다 말 할 수 있고 우리의 마음을 위로해주며 해결 방법을 함께 만들어 내는 사람이 친구이다. 보혜사 성령님은 우리의 육신의 친구의 모든 것을

갖춘 것에 더해서 한 가지가 더 있는데 그것은 월등함이다. 내 육신의 친구가 제시하는 방법은 아주 좋은 방법이지만 내 능력으로는 가능하지 않은 방법일 수도 있다. 그렇지만 보혜사 성령님은 나에게 가장 알맞은 맞춤형 해결책을 제시해 주신다. 그러니 내 안에서 역사하시는 보혜사 성령님을 믿어 보자.

그렇다면 성령님이 우리를 위하여 말할 수 없는 탄식으로 간구하시게 하는 가장 좋은 방법은 무엇일까? 내 경험에 의하면 그것은 방언으로 하는 기도이다. 방언 기도가 시작되면 가장 바깥에서 얼쩡거리는 귀신들이 하품을 통하여, 아니면 다른 통로로 쫓겨 나가기 시작한다.

방언 기도를 20분 정도 한다.
그러면 혼의 영역은 충분히 잠잠해졌을 것이다.

방언 기도를 잠시 마치고 기도를 한다.
"성령님, 제 안에 어떤 악한 영들이 작동하는지 저는 모르겠어요.
만약 저에게 악한 영이 있다면 지금 내 안에서 무엇을 하고 있는 감으로 알게 하시고
그 영으로 인하여 무엇이 영향을 받는지 알게 하소서.
그리고 그 영들을 축사하기를 원합니다.
역사 하소서!
예수님의 이름으로 기도합니다"

이제 다시 입으로는 방언 기도를 하는데
맘으로 악한 영들이 어디에서 무슨 일을 했다는 감을 추적합니다.
악한 영이 감지되면

축사, 과학자 따라하기

방언 기도를 계속하며
축사가 되기를 바란다.
그리고 영이 나가는 사인이 있는지 살피며
계속 방언 기도를 한다.

이제껏 하는 모든 축사 방법이 자가 축사에 좋은 방법이다. 여러 분 중 몇 분은 다른 사람에 축사 기도를 하고 싶은 사람이 있을 것이다. 다른 사람에게 적용할 수 있는 방법을 찾으려면 맨 앞의 '예수님의 이름으로' 하는 축사 방법과 이 번의 방언으로 하는 축사 기도 방법이다. 물론 다른 사람을 축사 기도를 해주려면 본인의 역량을 높여야 한다.

23.

궁금해요!

1. 사탄(사단), 마귀, 귀신은 어떻게 다른가요?

사탄과 사단은 같은 것으로 발음상의 다른 한글 표기의 차이입니다. 오래된 한글 번역본은 대개 사단이라 하였고 비교적 근래에 번역된 한글 성경들은 사탄이라고 번역하였습니다. 사탄이 발음상 더 가까운 것으로 보입니다. 이 책에서는 성경 본문 빼고는 사탄으로 통일하여 사용했습니다.

사탄이 누구냐에 대한 답에 대하여 많은 논란이 있지만 대체적으로 받아 드려지는 정설은 천사장 중에 하나로 하나님과 같은 위치로 올라 가겠다고 하다 하늘에서 내쳐진 타락한 천사장이라고 보는 것이 가장 유력합니다. 따라서 사탄은 단수로 취급됩니다. 사탄의

축사, 과학자 따라하기

뜻은 대적자이며 하는 일에 따라 많은 다른 이름이 붙여집니다. 그 가장 대표적인 사탄의 다른 이름은 참소자입니다.

마귀는 사탄의 다른 이름입니다. 그 근거는 예수님이 공생애 사역 전에 광야에서 시험당하는 장면이 나옵니다. 예수님을 시험한 자를 마태는 마귀 (The Devil)라 (마4:1,5,8,11) 하는데 예수님은 그 장면에서 "사탄아 물러가라" (마4:10)라 하시며 동일 존재를 사탄이라 부르십니다. 따라서 사탄과 마귀는 동일 존재로 보여집니다.

그럼 귀신은 누구일까요?
성경에서 사탄은 단수로 사용되는데 비해서 귀신은 단수와 복수가 동시에 사용됩니다. 특히 군대 귀신 들린 사람에게는 많은 수의 귀신이 한 사람에게 들어 간 것으로 표현되기도 합니다 (막8:30.) 예수님은 사탄(the devil)과 그의 천사들 (his angels)이라는 표현을 사용하셨습니다. 결국 사탄이 타락할 때 그를 따라간 천사들을 귀신이라 함이 가장 적절한 것 같습니다.

한국 드라마나 전설의 고향에서는 귀신은 죽은 사람의 영혼으로 표현되고 있습니다. 따라서 한국인들은 죽은 사람의 영혼 중 어떤 이유로 저승으로 가지 못하고 지구 상에 떠돌고 있는 영으로 생각하는 경향이 있습니다. 드라마의 스토리 구성에는 더없이 재미있는 소재지만 이것은 거짓입니다. 한 두 명이 아닌 수많은 임사 체험자들의 간증을 들어 보면 공통적으로 한결같이 하는 말이 자기 영혼이 몸을 빠져나가 자기의 죽은 몸을 볼 수는 시간이 잠시는 가능하지만 곧바로 어떤 터널 같은 통로를 빠르게 빠져나가고 그 터널 다음에 음부나 낙원 둘 중에 하나에 도착하는 것으로 되어 있습니다. 한국 드라마처럼 49일동안 지구 상에 남아 복수를 하는 시간이 주어지지 않습니다.

성경에도 거지 나사로와 부자가 죽어 저승에서 겪은 이야기가 나옵니다 (눅16장.) 나사로는 죽자 천사들에 이끌려 낙원으로 갔고 부자도 죽자 음부로 끌려 갔다고 나와 있습니다. 그리고 부자가 아무리 애원을 해도 그 곳에서 어떤 위치 이동이나 서비스가 불가하다는 판정을 받습니다. 만약 죽은 사람의 영혼이 본인 의지에 따라 또는 실수로 다른 곳에 갈 수 있는 것이 허용된다면 남은 가족 등을 전도하러 가겠다는 부자의 간절한 요청을 허용하지 않을까요? 하지만 부자의 요청은 일고의 고려 대상이 안 됩니다. 따라서 귀신은 죽은 사람의 영혼이 아닌 것이 정설입니다.

우리가 이 책에서 다루는 축사와 관련되는 것은 사탄 = 마귀, 그리고 사탄의 추종자인 타락한 천사들인 귀신들입니다. 우리가 흔하게 만나게 되는 종류는 사탄의 추종자들에 해당되는 타락한 천사들인 귀신입니다. 따라서 이 책에서는 그 용어를 귀신이라 했습니다.

2. 귀신들림과 정신 병과의 차이는 무엇인가요?

귀신 들린 사람과 정신병자와 비슷한 점은
사람을 피하고
몸과 마음이 점점 망가짐

귀신들린 사람은
예수라는 말에 민감하게 반응하고
영적 능력을 가질 수도 있고
논리적이며 사회 생활도 가능함

심지어 거짓말도 할 정도로 영특함

정신과 약물에 반응하지 않음

축사가 되면 즉각적인 변화가 가능함

 정신 병에 걸린 사람은

예수라는 말에 반응을 안함

논리적이지 않고 한번 논리적이지 않으면 치료되기 전까지는 계속 비논리적임

어느 정도 심해지면 회사나 사회 생활 불가

정신과 약물에 서서히 반응함

축사보다는 치유 사역에 반응할 수 있음

3. 축사 받은 후 사후 관리는 어떻게 하는 것이 좋을까요?

결국 귀신에게 들어올 틈을 주지 않은 것이 가장 중요합니다.
귀신들이 좋아하는 것을 삼가는 것이 좋겠지요.

그럼 귀신들이 좋아하는 것은
1) 죄
2) 미워하는 마음
3) 시기/질투
4) 교만

그리고 이 책에서 배운 자가 축사를 종종 하시면 귀신들은 떠나가거나 다시 들어오지 못함으로 축사 받은 후 잘 관리될 것으로 생각된다.